Die Erbschaftssteuer

und der

Werthstempel von Schenkungen

unter Lebenden.

Gesetz vom 30. Mai 1873.

Mit Kommentar herausgegeben

von

Hoyer
Regierungs-Rath und Provinzial-Stempelfiskal.

(Separat-Abdruck aus „die Preußische Stempelgesetzgebung, Kommentar von Hoyer, 2. Aufl.")

Berlin, 1875.
Verlag von J. Guttentag
(D. Collin).

Abkürzungen.

AGO. — Allgemeine Gerichtsordnung.
ALR. — Allgemeines Landrecht.
Appell.-G. — Appellations-Gericht.
Br. — Breslau.
CB. — Central-Blatt der Abgaben-, Gewerbe- und Handels-Gesetzgebung und Verwaltung.
Cirk.-R. — Cirkular-Reskript.
D. — Danzig.
Entsch. B. ꝛc. — Entscheidungen des Ober-Tribunals, Band ꝛc.
Erk. des OT. (I ꝛc.) — Erkenntniß des Ober-Tribunals (Senat).
F. — Frankfurt a. d. O.
FM. — Finanz-Ministerium resp. Generaldirektor der indirekten Steuern.
FMR. — Finanzministerial-Reskript.
GA. — Goltdammer, Archiv für Preußisches Strafrecht.
GK. — Giseke, Kommentar zum Stempelgesetz vom 7. März 1822 (v. 1850).
Gruchot Beiträge ꝛc. B. ꝛc. — Gruchot, Beiträge zur Erläuterung des Preußischen Rechts, Band ꝛc.
GS. — Gesetz-Sammlung.
H. Str. — Hartmann, die neben dem Strafgesetzbuch in Preußen geltenden Strafgesetze ꝛc. (v. 1873).
JM. — Justiz-Minister.
JMB. — Justiz-Ministerial-Blatt.
JMR. — Justizministerial-Reskript.
v. KA. — von Kamptz, Annalen der inneren Staatsverwaltung.
v. KJ. — von Kamptz, Jahrbücher für die Preußische Gesetzgebung, Rechtswissenschaft und Rechtsverwaltung.
Kab.-O. — Kabinets-Ordre.
Kg — Königsberg i. P.
Komm. — Hoyer, Kommentar „die Preußische Stempelgesetzgebung" 2. Auflage.
LR. — Leyden, Repertorium zum Stempelgesetz vom 7. März 1822 (v. 1836).
M. — Münster.
MB. — Ministerial-Blatt für die gesammte innere Verwaltung.
M. d. geistl. ꝛc. Angel. — Minister der geistlichen, Unterrichts- und Medizinal-Angelegenheiten.
M. d. J. — Minister des Innern.
Mg — Magdeburg.
Mr — Marienwerder.
OLGericht — Ober-Landesgericht.
OT. — Ober-Tribunal.
Präj. des OT. — die Präjudizien des Geheimen Ober-Tribunals seit 1832 bis Ende 1848.
PStD. — Provinzial-Steuer-Direktor.
R. — Reskript.
Reg. — Regierung.
Rev.-Prot. des FM. — Revisions-Protokoll des Finanz-Ministeriums.
RGbl. — Reichs-Gesetzblatt.
S. — mit vorgesetztem „PStD. in": Stettin, mit zugesetzter Zahl: Seite.
SK. — Schmidt, Kommentar zum Stempelgesetz vom 7. März 1822 (v. 1838 ff. resp. 1855).
Str. A. B. ꝛc. — Striethorst, Archiv für Rechtsfälle, Band ꝛc.

I.

Gesetz,

betreffend die Erbschaftssteuer, vom 30. Mai 1873 (GS. S. 329).

[die Buchstaben A) u. s. w. bei den einzelnen §§. des Gesetzes weisen auf die zugehörigen, sub III folgenden Anmerkungen hin]

Wir **Wilhelm** 2c. 2c. verordnen, unter Zustimmung beider Häuser des Landtages für den Umfang der Monarchie, mit Einschluß des Jadegebietes, jedoch mit Ausschluß der Hohenzollernschen Lande, was folgt:

Gegenstand der Erbschaftssteuer.

§. 1. Der Erbschaftssteuer sind nach Vorschrift dieses Gesetzes und des anliegenden, von Uns vollzogenen Tarifes [folgt unten] unterworfen, ohne Unterschied, ob der Anfall Inländern oder Ausländern zukommt:

1) Erbschaften, Vermächtnisse und Schenkungen von Todeswegen (mit Einschluß der remuneratorischen und der mit einer Auflage belasteten Schenkungen); A)
2) Lehns- und Fideikommißanfälle;
3) die Anfälle von Hebungen aus Familienstiftungen, welche in Folge Todesfalles auf den vermöge stiftungsmäßiger oder gesetzlicher Successionsordnung Berufenen übergehen. B)

Fideikommiß- und Familienstiftungen.

§. 2. In Betreff der von Fideikommiß- und von Familienstiftungen zu entrichtenden Werthstempelabgabe bewendet es bei den bestehenden Vorschriften C) mit folgenden Maßgaben:

1) die Ermittelung des stempelpflichtigen Werthes erfolgt nach den Bestimmungen in den §§. 12 bis 19 dieses Gesetzes, jedoch ohne Abzug der Schulden;
2) bei Fideikommiß- und Familienstiftungen von Todeswegen ist der Werthstempel binnen sechs Monaten nach dem Todesfall beizubringen und kommen wegen der Verhaftung für die Entrichtung desselben die Bestimmungen der §§. 27 und 28 dieses Gesetzes zur Anwendung.

§. 3. Als Fideikommißstiftungen im Sinne dieses Gesetzes sind alle von Todeswegen oder unter Lebenden getroffene Anordnungen anzusehen, kraft deren gewisse Vermögensgegenstände der Familie für immer oder für mehr als zwei Generationen erhalten bleiben sollen.

Schenkungen unter Lebenden.

§. 4. Schenkungen unter Lebenden — insbesondere auch die remuneratorischen und die mit einer Auflage belasteten Schenkungen — unterliegen, wenn eine schriftliche Beurkundung derselben stattfindet, einer Werthstempelabgabe von dem Betrage der Schenkung.

Der erforderliche Werthstempel bestimmt sich nach den Vorschriften des anliegenden Tarifes und der §§. 9 bis 19 dieses Gesetzes, indem an Stelle der Verhältnisse des Erblassers, beziehungsweise des Erwerbers des Anfalles, die Verhältnisse des Gebers, beziehungsweise des Beschenkten berücksichtigt werden.

Im Uebrigen finden auf die Werthstempelabgabe von Schenkungen die Bestimmungen wegen des Urkundenstempels Anwendung. D)

Erbschaftssteuerpflichtige Masse.

§. 5. Die Erbschaftssteuer wird von dem Betrage entrichtet, um welchen diejenigen, denen der Anfall zukommt, durch denselben reicher werden.

Es sind daher der steuerpflichtigen Masse alle zu derselben gehörige ausstehende Forderungen, auch die, welche der Erwerber selbst zur Masse schuldet, oder die ihm erst mit dem Anfall erlassen werden, hinzuzurechnen.

Dagegen kommen von der steuerpflichtigen Masse in Abzug alle Schulden und Lasten, welche mit und wegen derselben übernommen werden. Hierzu werden bei Erbschaften auch gerechnet die Kosten der letzten Krankheit und des Begräbnisses des Erblassers, die gerichtlichen und außergerichtlichen Kosten der Nachlaßregulirung und der im Interesse der Masse geführten Prozesse, nicht aber der Betrag der Erbschaftssteuer selbst und nicht die Kosten der zwischen den Erbinteressenten in deren besonderem Interesse geführten Prozesse. E)

Zuwendungen zur Vergeltung übernommener Leistungen.

§. 6. Insoweit eine Zuwendung zur Vergeltung für Leistungen bestimmt ist, welche mit dem Anfall übernommen werden und welche im Geldwerth zu veranschlagen sind, kommt der Werth dieser Leistungen von der Zuwendung in Abzug. F)

Stiftungen.

§. 7. Vermögen, welches zur Begründung einer angeordneten oder einem Erben, Vermächtnißnehmer u. s. w. aufgetragenen Stiftung — mit Ausschluß der Fideikommiß- und der Familienstiftungen (§. 2) — gewidmet ist, wird hinsichtlich der Versteuerung ebenso behandelt, als ob dasselbe der schon begründeten Stiftung angefallen wäre, vorbehaltlich der anderweiten Feststellung und Nachforderung oder Erstattung der Steuer, falls die Stiftung nicht, oder nicht in der angeordneten Weise zur Ausführung gelangt. Für die eintretenden Falles nachzuerhebenden Steuerbeträge kann Sicherheitsbestellung gefordert werden. G)

Zuwendungen zu milden 2c. Zwecken.

§. 8. Sind ohne Begründung einer Stiftung Zuwendungen zu milden, gemeinnützigen oder öffentlichen Zwecken angeordnet oder einem Erben, Vermächtnißnehmer 2c. Leistungen zu gleichen Zwecken aufgetragen, so werden dieselben hinsichtlich der Versteuerung ebenso behandelt, als ob zu demselben Zwecke eine Stiftung im Betrage der Zuwendung beziehungsweise Leistung angeordnet wäre.

Die auf solche Zuwendungen entfallende Steuer ist von den mit der Zuwendung Belasteten zu entrichten, und kann, wenn dieserhalb keine andere Anordnung getroffen ist, auf die Zuwendung beziehungsweise Leistung selbst angerechnet werden. H)

Im Auslande befindliches Vermögen.

§. 9. Grundstücke und Grundgerechtigkeiten, welche außerhalb Landes liegen, gehören nicht zur steuerpflichtigen Masse. J) Anderes im Auslande befindliches Vermögen eines

Erblassers, welcher bei seinem Ableben Inländer war, unterliegt der Versteuerung, falls davon im Auslande keine, oder eine geringere Erbschaftssteuer, als nach Vorschrift dieses Gesetzes, zu entrichten ist. Im letzteren Falle findet die Anrechnung der im Auslande erweislich gezahlten Erbschaftssteuer auf die diesseitige Steuer statt.

Im Inlande befindliches Vermögen.

§. 10. Von dem Anfall inländischer Grundstücke, Grundgerechtigkeiten oder deren Nutzungen ist die Erbschaftssteuer zu erheben ohne Unterschied, ob der Erblasser Inländer oder Ausländer war, und ob derselbe seinen Wohnsitz im Inlande hatte oder nicht. J)

Anderes im Inlande befindliches Vermögen eines Erblassers, welcher bei seinem Ableben Ausländer war, unterliegt der Versteuerung nicht, wenn in dem Staate, wohin dasselbe verabfolgt werden soll, die gleiche Rücksicht hinsichtlich des Nachlasses diesseitiger Angehöriger beobachtet wird.

Vertheilung der Schulden und Lasten.

§. 11. Schulden und Lasten, welche nur auf einem nach §§. 9 und 10 steuerfreien oder steuerpflichtigen Theile der Masse haften, kommen bei Berechnung der Steuer nur bei demjenigen Theile in Abzug, auf welchem sie haften.

Schulden und Lasten, welche sowohl auf dem steuerfreien, als auf dem steuerpflichtigen Theile der Masse haften, kommen von letzterem nur nach dem Verhältniß dieses Theiles zur gesammten Masse in Abzug.

Hypothekarische Schulden, für welche der Eigenthümer zugleich persönlich haftet, gelten als zunächst das Grundstück belastend, und kommen nur rücksichtlich des durch das Grundstück nicht gedeckten Betrages bei der übrigen Masse in Anrechnung.

Ermittelung des Werthes der Masse.

§. 12. Die Ermittelung des Betrages der Masse ist, ohne Rücksicht auf die für andere Zwecke vorgeschriebenen Abschätzungsgrundsätze, auf den gemeinen Werth zur Zeit des Anfalles zu richten. K)

§. 13. Bei immerwährenden Nutzungen und Leistungen wird das Zwanzigfache ihres einjährigen Betrages, bei Nutzungen und Leistungen von unbestimmter Dauer, sofern nicht die Vorschriften in den §§. 14 und 15 Anwendung finden, oder anderweite die längste Dauer begrenzende Umstände nachgewiesen werden, das Zwölfundeinhalbfache des einjährigen Betrages als Kapitalwerth angenommen. L)

§. 14. Der Werth von Leibrenten, Nießbrauchsrechten auf Lebenszeit und anderen auf die Lebenszeit des Berechtigten, oder einer anderen Person beschränkten Nutzungen oder Leistungen bestimmt sich nach dem zur Zeit des Anfalles erreichten Lebensalter der Person, bei deren Tode die Nutzung oder Leistung erlischt, und wird bei einem Lebensalter derselben

von 15 Jahren oder weniger			auf das	16	fache,
über 15 Jahre	bis zu	25 Jahren	" "	15	"
" 25 "	" "	35 "	" "	14	"
" 35 "	" "	45 "	" "	12½	"
" 45 "	" "	55 "	" "	10	"
" 55 "	" "	65 "	" "	7½	"
" 65 "	" "	75 "	" "	5	"
" 75 "	" "	80 "	" "	3	"
" 80 "	" "	— "	" "	2	"

des Werths der einjährigen Nutzung beziehungsweise Leistung angenommen. M)

Ist jedoch die Nutzung oder Leistung schon innerhalb eines Jahres nach dem Anfall erloschen, so wird der Werth derselben nur nach Maßgabe ihrer wirklichen Dauer bestimmt, und das Zuvielgezahlte erstattet.

§. 15. Ist die Dauer der Nutzungen oder Leistungen von der Lebenszeit mehrerer Personen dergestalt abhängig, daß beim Tode der zuerst versterbenden die Nutzung oder Leistung erlischt, so ist für die nach §. 14 vorzunehmende Werthermittelung das Lebensalter der ältesten Person maßgebend. Wenn die Nutzung oder Leistung bis zum Tode der letztversterbenden Person fortdauert, erfolgt die Berechnung nach dem Lebensalter der jüngsten Person.

§. 16. Bei auf bestimmte Zeit eingeschränkten Nutzungen oder Leistungen ist der Kapitalwerth der gesammten Nutzungen beziehungsweise Leistungen für den Zeitpunkt des Anfalls unter Zugrundelegung eines fünfprozentigen Zinsfußes nach der als Anlage beigefügten Hülfstabelle [folgt unten] zu ermitteln. Ist jedoch die Dauer der Nutzung oder Leistung noch außerdem durch die Lebenszeit einer oder mehrerer Personen bedingt, so darf der nach §§. 14 und 15 zu berechnende Kapitalwerth nicht überschritten werden. N)

§. 17. Nutzungen eines Kapitals sind zu fünf vom Hundert jährlich zu veranschlagen, soweit nicht eine die anderweite Verfügung über das Kapital ausschließende Beschränkung auf einen geringeren Prozentsatz nachgewiesen wird.

§. 18. Den Werth aller anderen Gegenstände anzugeben, liegt den Steuerpflichtigen beziehungsweise den im §. 35 bezeichneten Verpflichteten ob. Wer der Verpflichtung zur Angabe des Werthes auf ergangene Aufforderung der Steuerbehörde nicht genügt, hat die durch amtliche Ermittelung desselben entstehenden und mit der Steuer einzuziehenden Kosten zu tragen. O)

§. 19. Trägt die Steuerbehörde Bedenken, die Werthangabe (§. 18) als richtig anzunehmen, und findet eine Einigung hierüber mit den Steuerpflichtigen nicht statt, so ist die Steuerbehörde befugt, selbstständig den Werth zu ermitteln und danach die Steuer zu erheben. Die Kosten der Werthsermittelung fallen dem Steuerpflichtigen zur Last, wenn der ermittelte Werth den von dem Steuerpflichtigen angegebenen Werth um mehr als 10 Prozent übersteigt. Die etwa gezahlten Kosten werden erstattet, wenn im Verwaltungswege oder im Rechtswege (§. 40) die Ermäßigung des Werthes auf einen nicht zum Kostenersatz verpflichtenden Betrag erfolgt. O)

Bedingter Erwerb.

§. 20. Vermögen, dessen Erwerb von dem Eintritt einer aufschiebenden Bedingung abhängt, unterliegt der Besteuerung erst bei dem Eintritt der Bedingung. Die Steuerbehörde kann jedoch Sicherstellung der alsdann zu entrichtenden Steuer fordern. Unter einer auflösenden Bedingung erworbenes Vermögen — mit Ausnahme der Nutzungen von unbestimmter Dauer, welche lediglich nach den Bestimmungen in den §§. 13 bis 16 zu behandeln sind — ist wie unbedingt erworbenes zu versteuern. Beim Eintritt der Bedingung wird aber die gezahlte Steuer bis auf den der wirklichen Bereicherung entsprechenden Betrag erstattet.

Bedingte Belastung.

§. 21. Den Werth der steuerpflichtigen Masse vermindernde Lasten und Leistungen werden, soweit sie vom Eintritt einer aufschiebenden Bedingung abhängen, nicht berücksichtigt. Beim Eintritt der Bedingung ist das Zuvielgezahlte von der Steuerbehörde zu erstatten.

Lasten, deren Fortdauer von einer auflösenden Bedingung abhängt — mit Ausnahme der Leistungen von unbestimmter Dauer, deren abzuziehender Werth nach den Bestimmungen in den §§. 13 bis 16 sich berechnet — werden wie unbedingte in Abzug gebracht. Beim Eintritt der Bedingung ist derjenige Steuerbetrag nachzuerheben, welcher mehr zu entrichten gewesen sein würde, wenn der Zeitpunkt des Eintritts der Bedingung bei Berechnung der Steuer bekannt gewesen wäre. Die Steuerbehörde kann Sicherstellung dieses Anspruchs fordern.

§. 22. Die in den §§. 20 und 21 enthaltenen Bestimmungen sind gleichmäßig auch auf die von einem Ereigniß, welches nur hinsichtlich des Zeitpunktes seines Eintrittes ungewiß ist, abhängigen Erwerbungen, Lasten und Leistungen anzuwenden.

Unsichere Forderungen.

§. 23. Unsichere Forderungen und andere zur sofortigen Werthermittelung nicht geeignete Gegenstände kommen mit einem muthmaßlichen Werthe in Rechnung, den der Steuerpflichtige in Vorschlag bringt. Findet keine Einigung statt, so kann die Steuerbehörde von dem angegebenen Werthe die Steuer einziehen und die Berichtigung des Werthansatzes, sowie die entsprechende Nachforderung oder Erstattung der Steuer bis zum Ausgange derjenigen Verhandlungen vorbehalten, von welchen die Bezahlung der Forderung beziehungsweise die Werthsermittelung abhängt. P)

Sind bei Berechnung der Steuer ungewisse oder noch unbekannte Ansprüche an die Masse außer Berücksichtigung geblieben, so wird, wenn dieselben später zur Verwirklichung gelangen, das Zuvielgezahlte von der Steuerbehörde zurückerstattet.

Betrag der Lehns- und Fideikommiß-Anfälle.

§. 24. Lehns- und Fideikommiß-Anfälle, sie mögen in Gütern oder Kapitalien bestehen, sowie Anfälle aus Familienstiftungen werden nach Maßgabe des Werths der einjährigen Nutzung und des Lebensalters des Erwerbenden nach Vorschrift des §. 14 versteuert.

Erwerb der Substanz ohne die Nutzung.

§. 25. Ist einem Erben, Vermächtnißnehmer u. s. w. Vermögen angefallen, dessen Nutzung einem Dritten zusteht, so wird dasselbe um den nach Vorschrift der §§. 13 ff. berechneten Werth der Nutzung geringer angeschlagen, wenn der Erwerber der Substanz die Versteuerung bei dem Anfall bewirkt. Wird die Aussetzung der Versteuerung der Substanz bis zur Vereinigung der Nutzung mit der Substanz beantragt, so findet der vorstehend angeordnete Abzug nicht statt. Vielmehr erfolgt alsdann die Besteuerung nach Maßgabe der bei Beendigung der Nutznießung des Dritten obwaltenden Verhältnisse, und wenn inzwischen eine weitere Vererbung der Substanz eingetreten sein sollte, ohne Entrichtung einer Steuer für die dazwischen liegenden Anfälle dergestalt, als ob der in die Nutzung eintretende Erwerber der Substanz das Eigenthum unmittelbar von dem ursprünglichen Erblasser erworben hätte. Bei Aussetzung der Versteuerung ist die Steuer auf Verlangen der Steuerbehörde aus der Masse auf Kosten des Erwerbers der Substanz sicher zu stellen. Q)

Bei fideikommissarischen Substitutionen wird der Fiduziar als Nießbraucher und der Fideikommissar als Substanzerbe des herauszugebenden Vermögens behandelt. Ist jedoch das Fideikommiß auf dasjenige beschränkt, was beim Tode des Fiduziars noch vorhanden sein werde (quidquid supererit), so haben sowohl der Fiduziar von dem vollen Betrage des Anfalles, als der Fideikommissar von dem vollen Betrage des an ihn herausgegebenen Vermögens, nach ihrem Verwandtschaftsverhältniß zum Erblasser die Erbschaftssteuer zu entrichten. Q)

Berechnung der Steuer.

§. 26. Die Erbschaftssteuer wird nach dem ganzen Antheile jedes einzelnen Erwerbers eines Anfalles für diesen besonders berechnet. Haben Ehegatten in einer gemeinschaftlichen letztwilligen Verfügung Verwandte des einen oder beider Ehegatten zu Erben eingesetzt oder mit Zuwendungen bedacht, und bleibt zweifelhaft, von welchem der beiden Ehegatten der Anfall erfolgt ist, so wird angenommen, daß der Anfall von dem, dem Steuerpflichtigen am nächsten verwandten Ehegatten erfolgt sei, soweit der Nachlaß des letzteren reicht. Kann der Betrag des Nachlasses des zuerst verstorbenen Ehegatten nicht ermittelt werden, so ist derselbe behufs Berechnung der Steuer auf die Hälfte des beim Tode des letztlebenden Gatten vorhandenen Vermögens anzunehmen. Bleibt jedoch nur in Betreff einzelner Vermögensgegenstände zweifelhaft, zu welchem

Nachlaß sie gehören, so wird angenommen, daß dieselben zum Nachlaß jedes Ehegatten zur Hälfte gehören.

Haftung für die Steuer.

§. 27. Die Erbschaftssteuer trifft den Erwerber des steuerpflichtigen Anfalles. Für dieselbe haftet die ganze steuerpflichtige Masse (§. 5), aus welcher auch auf Erfordern für die Versteuerung bedingter Anfälle Sicherheit bestellt werden muß (§§. 20 und 21).

Erben und Miterben sind bis auf Höhe des aus der Erbschaft Empfangenen für die von allen den Nachlaß betreffenden Anfällen zu entrichtende Erbschaftssteuer solidarisch verpflichtet.

Hinsichtlich der in diesem Gesetze den Erben und Miterben aufgelegten Verpflichtungen werden Erwerber eines Universalvermächtnisses oder eines Vermächtnisses unter einem Universaltitel den Erben und Miterben gleichgeachtet. R)

§. 28. Gesetzliche Vertreter und Bevollmächtigte der Erbinteressenten, Testamentsexekutoren und Nachlaßverwalter, sowie die Verwalter von Familienstiftungen, dürfen die Erbschaft, einzelne Erbtheile, Vermächtnisse oder Schenkungen, beziehungsweise die Hebungen aus der Familienstiftung, nur nach Berichtigung oder Sicherstellung der darauf treffenden Erbschaftssteuer ausantworten und bleiben im entgegengesetzten Falle für die Steuer verhaftet. S)

Verwaltung der Steuer.

§. 29. Die Verwaltung des Erbschaftssteuerwesens wird unter Leitung des Finanzministers von den Provinzial-Steuerbehörden durch die Erbschafts-Steuerämter geführt, welchen innerhalb der ihnen von dem Finanzminister anzuweisenden Geschäftsbezirke die Feststellung und Einziehung der zu erhebenden Erbschafts-Steuerbeträge und die Aufsicht über die Beobachtung der Vorschriften dieses Gesetzes obliegt. Dieselben erhalten nach Vorschrift der betreffenden Ministerien von denjenigen, welchen die Führung der Todtenlisten obliegt (Pfarrern, Bürgermeistern u. s. w.), periodische Auszüge aus letzteren nach Maßgabe der für diesen Zweck anzuordnenden Formulare, ingleichen von den Gerichten beglaubigte Abschriften der eröffneten letztwilligen Verfügungen und der Todeserklärungen.

Anmeldung des Anfalles.

§. 30. Jeder, dem ein steuerpflichtiger Anfall (§. 1) zukommt, ist verpflichtet, denselben binnen drei Monaten, nachdem er davon Kenntniß erlangt hat, dem zuständigen Erbschafts-Steueramte schriftlich anzumelden, ohne Unterschied, ob die Erwerbung des Anfalles bereits stattgefunden hat oder nicht. Ist der Verpflichtete in außereuropäischen Ländern oder Gewässern abwesend, so werden die vorstehende und die im §. 33 bestimmte zweimonatliche Frist auf sechs Monate verlängert.

Es wird vermuthet, daß spätestens am 30sten Tage nach dem Eintritt des Anfalles der zur Anmeldung Verpflichtete, wenn er in Europa sich aufhält, Kenntniß von dem Anfalle erlangt hat, vorbehaltlich des der Steuerbehörde obliegenden Beweises eines früheren und des dem Steuerpflichtigen obliegenden Beweises eines späteren Zeitpunktes. T)

§. 31. Theilnehmer an einer Erbschaft, sowie die zu Hebungen aus einer Familienstiftung Berufenen werden von der Anmeldungspflicht (§. 30) befreit, wenn die ihnen zukommenden Anfälle von einer der im §. 28 bezeichneten Personen oder einem Mitberechtigten rechtzeitig angemeldet werden.

§. 32. Der Empfang der Anmeldung ist von dem Erbschafts-Steueramt auf Verlangen auf einem vorzulegenden Duplikate kosten- und stempelfrei zu bescheinigen.

Verzeichniß und Deklaration.

§. 33. Innerhalb einer ferneren zweimonatlichen Frist nach Ablauf der Anmeldungsfrist (§. 30) muß dem zuständigen Erbschafts-Steueramte ein vollständiges und richtiges, zugleich die erforderlichen Werthangaben enthaltendes Verzeichniß (Inventarium) über die gesammte steuerpflichtige Masse und alle derselben zuzurechnende oder davon in Abzug zu bringende Gegenstände vorgelegt werden. Hiermit ist eine schriftliche Deklaration der die Festsetzung der Erbschaftssteuer bedingenden Verhältnisse zu verbinden und einzureichen. U)

Eine Verlängerung der Frist ist auf Antrag zu bewilligen, sofern besondere Gründe es erforderlich machen, und muß insbesondere gewährt werden, wenn der Berufene den Anfall noch nicht erworben hat und dies anzeigt. U)

Hinsichtlich der Einrichtung des Verzeichnisses und der Deklaration sind die nach Bedürfniß von dem Finanzminister zu erlassenden näheren Vorschriften zu beobachten.

§. 34. Bei Erbschaften, an denen kein steuerpflichtiger Erbe Theil nimmt, sondern bei denen nur steuerpflichtige Vermächtnisse, Schenkungen u. s. w. vorkommen, kann das Verzeichniß und die Deklaration (§. 33) auf die, steuerpflichtige Anfälle betreffenden Gegenstände und Verhältnisse beschränkt werden.

§. 35. Die Verpflichtung zur Vorlegung des Verzeichnisses und der Deklaration liegt ob:

1) bei Erbschaften in Bezug auf alle den Nachlaß betreffenden steuerpflichtigen Anfälle — wenn ein Testamentsvollzieher oder Nachlaßverwalter vorhanden ist, diesem, sonst den Erben, ohne Unterschied, ob sie selbst von den ihnen zukommenden Anfällen Erbschaftssteuer zu entrichten haben oder nicht. Andere Theilnehmer (Vermächtnißnehmer u. s. w.) sind in Betreff des ihnen zukommenden Anfalles zur Vorlegung des Verzeichnisses und der Deklaration nur auf Aufforderung des Erbschafts-Steueramts innerhalb der ihnen bekannt zu machenden Frist verpflichtet;
2) bei den im §. 1 unter 2 und 3 bezeichneten Anfällen — jedem Steuerpflichtigen hinsichtlich des ihm zukommenden Anfalles.

Für Bevormundete, unter Kuratel oder väterlicher Gewalt stehende oder juristische Personen und für Konkursmassen ist die vorerwähnte Verpflichtung und die Verpflichtung zur Anmeldung (§. 30 ff.) von deren gesetzlichen Vertretern zu erfüllen.

Fernere Ermittelungen.

§. 36. Das Erbschafts-Steueramt hat die Richtigkeit und Vollständigkeit der vorgelegten Verzeichnisse und Deklarationen zu prüfen und die Verpflichteten (§. 35) zur Erledigung der ihnen bekannt gemachten Erinnerungen innerhalb der zu bestimmenden Frist anzuhalten. Jeder, dem ein der Erbschaftssteuer unterworfener Anfall (§. 1) zukommt, ist zur Ertheilung der von dem Erbschafts-Steueramt erforderten Auskunft über die auf den Anfall bezüglichen thatsächlichen Verhältnisse, soweit sie auf die Festsetzung der Steuer für den an ihn selbst oder an andere Theilnehmer an der Erbschaft u. s. w. gelangenden Anfall von Einfluß sein können, verpflichtet.

Auf Verlangen müssen dem Erbschafts-Steueramte die den Anfall betreffenden Urkunden zur Einsicht vorgelegt werden, insbesondere letztwillige Verfügungen, Erwerbsdokumente und die Beweismittel über die von der Masse abzuziehenden Schulden und andere Ansprüche, auf Grund deren Abzüge von der Masse gemacht, oder Theile derselben ausgeschieden werden sollen.

Wird in den vorgedachten Fällen den Aufforderungen des Erbschafts-Steueramts nicht genügt, so kann dasselbe die Säumigen durch Festsetzung und Einziehung von Ordnungsstrafen bis zu dem Betrage von zwanzig Thalern zur Befolgung seiner Anordnungen anhalten, auch das zur Erledigung derselben Nöthige auf Kosten der Säumigen beschaffen. V)

Eidesstattliche Versicherungen.

§. 37. Das Erbschafts-Steueramt ist berechtigt, denjenigen, welchen ein nach §. 1 der Erbschaftssteuer unterworfener Anfall zukommt, eine Versicherung an Eidesstatt über die Richtigkeit und Vollständigkeit des vorgelegten Verzeichnisses und der Deklaration oder einzelner Theile derselben (§§. 33 und 34), und der erforderten ferneren Angaben (§. 36), abzunehmen. Die eidesstattliche Versicherung ist nach näherer Bestimmung des Erbschafts-Steueramtes vor ihm selbst oder der deshalb requirirten Behörde schriftlich oder mündlich abzugeben.

Aversional-Versteuerung.

§. 38. Der Finanzminister ist ermächtigt, ausnahmsweise von der Vorlegung des Verzeichnisses (§. 33) auf Antrag der Steuerpflichtigen ganz oder zum Theil abzusehen und ein Aversionalquantum für die Erbschaftssteuer anzunehmen, auch die Aversionalversteuerung solcher Anfälle, deren Versteuerung sonst noch ausgesetzt bleiben müßte, zu gestatten. W)

Wenn ein überlebender Ehegatte mit mehreren Kindern die eheliche Gütergemeinschaft fortsetzt, so wird die Versteuerung des beim Tode eines Kindes an dessen Geschwister oder deren Descendenten gelangenden Anfalles bis zur Auflösung der Gütergemeinschaft ausgesetzt und erfolgt nach Maßgabe des alsdann vorhandenen Vermögens. W)

Feststellung der Steuer.

§. 39. Ist die Erbschaftssteuer berechnet, so ertheilt das Erbschafts-Steueramt eine kosten- und stempelfreie Bescheinigung, welche den Betrag der steuerpflichtigen Masse, die einzelnen Anfälle, das Verwandtschaftsverhältniß, die Beträge der von den einzelnen Steuerpflichtigen zu entrichtenden Steuer angiebt und zugleich die Anweisung zur Entrichtung der Steuer enthält. Die Verzögerung der Auseinandersetzung der Erben darf die Entrichtung der Steuer nicht aufhalten, soweit der Nachlaß zu deren Zahlung liquid ist. X)

Zulässigkeit des Rechtsweges.

§. 40. Die Bestimmungen in den §§. 11 bis 14 des Gesetzes, betreffend die Erweiterung des Rechtsweges, vom 24. Mai 1861 (Gesetz-Samml. S. 241) und im Artikel 5 der Verordnung vom 16. September 1867 (Gesetz-Samml. S. 1515) finden auch auf die nach Vorschrift dieses Gesetzes zu entrichtende Erbschaftssteuer Anwendung. Eines Vorbehaltes bei Zahlung der Erbschaftssteuer (§. 12 des Gesetzes vom 24. Mai 1861) bedarf es nicht.

Insoweit die gänzliche oder theilweise Erstattung der erlegten Steuer wegen eines nach deren Festsetzung eingetretenen Ereignisses verlangt werden kann, ist die Klage bei Verlust des Klagerechts binnen Jahresfrist nach dem Eintritt des Ereignisses anzubringen.

Strafbestimmungen.

§. 41. Wer die gesetzliche Verpflichtung zur Anmeldung eines steuerpflichtigen Anfalles, oder zur Vorlegung des Verzeichnisses und der Deklaration (§. 33) innerhalb der vorgeschriebenen beziehungsweise auf Antrag verlängerten Frist nicht erfüllt, hat die durch die amtlichen Ermittelungen entstehenden Kosten zu tragen, die in Folge seiner Säumigkeit etwa ausfallenden Steuerbeträge zu ersetzen und verfällt außerdem in eine dem doppelten Betrage der Erbschaftssteuer von dem betreffenden Anfalle gleiche Geldstrafe, wenn aber der Betrag der Erbschaftssteuer nicht ermittelt werden kann, in eine Geldstrafe bis zu Eintausend Thalern.

Ist jedoch nach den obwaltenden Umständen anzunehmen, oder kann der Angeschuldigte nachweisen, daß die rechtzeitige Erfüllung der Verpflichtung nicht in der Absicht, die Erbschaftssteuer zu hinterziehen, unterlassen sei, so tritt statt der vorgedachten Geldstrafe nur eine Ordnungsstrafe bis zu funfzig Thalern ein.

Diese Ordnungsstrafe kann ohne vorgängige Einleitung eines Strafverfahrens von dem zuständigen Erbschafts-Steueramte bis auf Höhe von zwanzig Thalern durch besonderen, die Entscheidungsgründe enthaltenden Bescheid festgesetzt werden, gegen welchen dem Angeschuldigten der Rekurs oder die Berufung auf den Rechtsweg wie gegen ein

Strafresolut der Steuerbehörden (§. 45) zustehen. Die Einziehung der Steuer erfolgt unabhängig von der Bestrafung. Y)

§. 42. Die Bestimmungen des §. 41 finden gleichmäßig Anwendung auf denjenigen, welcher wissentlich zu einem steuerpflichtigen Anfalle gehörige Gegenstände, zu deren Angabe er verpflichtet ist, verschweigt, oder über die Thatsachen, welche die Steuerpflichtigkeit, die Höhe des Steuersatzes oder des Steuerbetrages bestimmen, wissentlich unrichtige Angaben macht.

Eine Bestrafung findet jedoch nicht statt, wenn der Pflichtige auf erforderte eidesstattliche Versicherung seine Angaben berichtigt. Auch fällt die hier vorgeschriebene Bestrafung hinweg, wenn die Täuschung mittelst Urkundenfälschung oder eidesstattlicher Versicherung unternommen ist und wegen dieser Vergehen Bestrafung eintritt.

§. 43. Wer der Verpflichtung zur Abgabe der eidesstattlichen Versicherung auf wiederholte Aufforderung (§. 37) innerhalb der zu bestimmenden Frist nicht genügt, wird mit einer Geldstrafe von fünfundzwanzig bis Eintausend Thalern bestraft. Y)

§. 44. Die Umwandlung der in den §§. 41, 42 und 43 bestimmten Geldstrafen, zu deren Zahlung der Verurtheilte unvermögend ist, in eine Freiheitsstrafe findet nicht statt. Auch darf zur Beitreibung von Geldstrafen ohne Zustimmung des Verurtheilten, insofern dieser ein Inländer ist, kein Grundstück subhastirt werden.

§. 45. In Betreff des administrativen und gerichtlichen Strafverfahrens kommen — vorbehaltlich der Bestimmung im dritten Absatze des §. 41 dieselben Vorschriften zur Anwendung, nach welchen sich das Verfahren wegen Zollvergehen bestimmt. Z)

Kosten.

§. 46. Die Verhandlungen in Erbschaftssteuer-Angelegenheiten — mit Ausnahme derjenigen in Strafprozessen, hinsichtlich deren es bei den bestehenden Vorschriften bewendet — sind kosten- und stempelfrei.

Die Steuerpflichtigen und die in den §§. 35 und 36 bezeichneten sonstigen Verpflichteten sind zur Tragung des durch die Verhandlungen mit ihnen erwachsenden Porto verbunden.

Verjährung.

§. 47. Die Erbschaftssteuer — mit Ausnahme der bereits zur Hebung gestellten Steuerbeträge — verjährt in zehn Jahren nach Ablauf des Kalenderjahres, in welchem der steuerpflichtige Anfall erworben, oder, wenn schon amtliche, auf die Ermittelung der Steuer gerichtete Handlungen vorgenommen sind, nach Ablauf des Kalenderjahres, in in welchem die letzte derartige Handlung vorgenommen ist.

Zur Hebung gestellte Steuerbeträge verjähren in vier Jahren nach Ablauf desjenigen Kalenderjahres, in welches der letzte Tag der Zahlungs- oder Stundungsfrist fällt, beziehungsweise in welchem die letzte auf die Beitreibung des Rückstandes gerichtete amtliche Handlung vorgenommen ist.

Die Verjährung sichergestellter Steuerforderungen kann nicht vor Ablauf desjenigen Jahres, in welchem die Sicherheit erloschen ist, beginnen.

Die Strafverfolgung von Zuwiderhandlungen gegen die Vorschriften dieses Gesetzes verjährt in drei Jahren, die Vollstreckung der rechtskräftig dieserhalb erkannten Strafen verjährt in fünf Jahren.

Uebergangsbestimmungen.

§. 48. Dieses Gesetz tritt mit dem 1. Januar 1874 in Kraft. Hinsichtlich der Besteuerung der vor dem bezeichneten Tage vollzogenen Urkunden über die in den §§. 2 und 3 gedachten Gegenstände, beziehungsweise der vor dem bezeichneten Tage eingetretenen, der Erbschaftssteuer unterworfenen Anfälle, kommen noch die bisherigen Gesetze zur Anwendung. Der Finanzminister ist jedoch ermächtigt, auch für die letzterwähnten Fälle die Feststellung und Einziehung der Steuer den im §. 29 gedachten Behörden zu übertragen und in Betreff des Verfahrens die erforderliche Anordnung zu erlassen.

Die in dem anliegenden Tarife vorgeschriebene Befreiung der Ehegatten findet schon auf alle nach dem heutigen Tage eintretenden Anfälle, beziehungsweise auf die nach dem heutigen Tage beurkundeten Schenkungen an Ehegatten Anwendung.

§. 49. Die bisherigen Vorschriften über den Erbschaftsstempel und die Erbschaftsabgabe, insbesondere die §§. 9, 16, 17, 18 und 25 des Gesetzes wegen der Stempelsteuer vom 7. März 1822 und die Positionen: „Donationen, Erbschaften, Fideikommißanfälle, Legate, Lehnsanfälle, Schenkungen, Vermächtnisse" des Stempeltarifs von demselben Tage, die Kabinetsorder vom 1. Dezember 1822 (Gesetz-Samml. für 1823 S. 1), die Kabinetsorder vom 27. April 1824 (Gesetz-Samml. S. 85), das Gesetz vom 7. Juli 1833 wegen des Erbschaftsstempels von Lehns- und Fideikommißanfällen (Gesetz-Samml. S. 82), die Verordnung vom 16. September 1837 (Gesetz-Samml. S. 145) und die Verordnung, betreffend die Erhebung der Erbschaftsabgabe, vom 5. Juli 1867 (Gesetz-Samml. S. 1120) werden vorbehaltlich der Anwendung auf frühere Fälle vom 1. Januar 1874 ab außer Kraft gesetzt.

Der Finanzminister ist mit der Ausführung dieses Gesetzes beauftragt.

Gegeben Berlin, den 30. Mai 1873.

Wilhelm.

Tarif,

nach welchem die Erbschaftssteuer zu erheben ist.

[die Buchstaben Za) u. s. w. bei den einzelnen Tarifpositionen weisen auf die zugehörigen, sub III folgenden Anmerkungen hin]

Allgemeine Vorschriften.

1) Die Steuer beträgt mindestens 5 Sgr. und steigt von 5 Sgr. zu 5 Sgr.

2) Bei Bestimmung des Steuersatzes kann nicht auf ein Verhältniß zurückgegangen werden, welches durch richterliches Erkenntniß oder Vertrag schon vor dem Eintritt des Anfalles zu bestehen aufgehört hat, namentlich werden Anfälle, die nach erfolgter Trennung einer Ehe oder nach aufgehobener Einkindschaft eintreten, lediglich nach demjenigen Steuersatze versteuert, welcher ohne Rücksicht auf das aufgehobene Verhältniß anwendbar ist. Za)

3) Der Steuersatz von Lehns- und Fideikommiß-Anfällen, ingleichen von Hebungen aus Familienstiftungen (§. 1 Nr. 2 und 3 des Gesetzes) wird nach dem Verwandtschaftsverhältniß zwischen dem letzten Inhaber des Lehns oder Fideikommisses, beziehungsweise der Hebungen aus der Familienstiftung, und dem Steuerpflichtigen bestimmt.

4) Zu den Descendenten einer Frau werden auch uneheliche Kinder derselben und deren Descendenten gerechnet.

5) Vor der Ehe geborene uneheliche Kinder einer Frau werden — außer im Fall der Legitimation durch nachfolgende Ehe — zu den Stiefkindern des Ehemannes derselben gerechnet.

6) Den legitimirten Kindern eines Mannes werden diejenigen außer der Ehe erzeugten Kinder gleichgeachtet, welche erweislich gegen denselben die Rechte ehelicher Kinder in anderer Art als durch nachfolgende Ehe erworben haben.

7) Eheliche und uneheliche Kinder derselben Mutter, ingleichen eheliche und legitimirte Kinder desselben Vaters werden als halbbürtige Geschwister angesehen.

Der Anfall wird versteuert:

A. mit Einem vom Hundert des Betrages, wenn er gelangt an Personen, welche dem Hausstande des Erblassers angehört und in demselben in einem Dienstverhältniß gestanden haben, sofern der Anfall in Pensionen, Renten oder anderen auf die Lebenszeit der Bedachten beschränkten Nutzungen besteht, die ihnen mit Rücksicht auf dem Erblasser geleistete Dienste zugewendet werden; Zb)

B. mit Zwei vom Hundert des Betrages, wenn er gelangt an:
a) adoptirte oder in Folge der Einkindschaft zur Erbschaft berufene Kinder und deren Descendenten,
b) voll- oder halbbürtige Geschwister und deren Descendenten;

C. mit Vier vom Hundert des Betrages, wenn er gelangt an:
a) vorstehend nicht benannte Verwandte bis einschließlich zum sechsten Grade der Verwandtschaft,
b) Stiefkinder und deren Descendenten und Stiefeltern,
c) Schwiegerkinder und Schwiegereltern,
d) natürliche, aber von dem Erzeuger erweislich anerkannte Kinder,
e) außerdem sind mit Vier vom Hundert des Betrages zu versteuern alle Anfälle und Zuwendungen, welche ausschließlich zu wohlthätigen, gemeinnützigen oder Unterrichts-Zwecken bestimmt sind, insofern solche nicht einzelne Familien oder bestimmte Personen betreffen und die wirkliche Verwendung zu dem bestimmten Zwecke gesichert ist; Z c)

D. mit Acht vom Hundert des Betrages:
in allen anderen Fällen.

Befreiungen.

Von der Erbschaftssteuer befreit ist:

1) jeder Anfall, welcher den Betrag von 50 Thlrn nicht erreicht, mit Ausnahme des Falles, daß lediglich in Folge des Abzuges des Werthes der einem Dritten zustehenden Nutzung (§. 25 des Gesetzes) der Werth der Substanz sich unter den Betrag von 50 Thlrn vermindert;

2) jeder Anfall, welcher gelangt an:
a) Ascendenten,
b) Descendenten, sofern dieselben aus gültigen Ehen abstammen oder legitimirt sind. Z d) Auch uneheliche Kinder haben von dem Nachlasse ihrer Mutter oder deren Ascendenten keine Erbschaftssteuer zu entrichten,
c) Ehegatten,
d) Personen, welche dem Hausstande des Erblassers angehört und in demselben in einem Dienstverhältniß gestanden haben, sofern der Anfall den Betrag von 300 Thlrn nicht übersteigt. Bei einem höheren Betrage ist die von dem ganzen Betrage zu berechnende Steuer nur soweit zu entrichten, als dieselbe aus dem die Summe von 300 Thlrn übersteigenden Betrage entnommen werden kann, Z e)
e) den Fiskus und alle öffentlichen Anstalten und Kassen, welche für Rechnung des Staates verwaltet werden oder diesen gleichgestellt sind,
f) Orts- oder Land-Armenverbände zur Verwendung für Hülfsbedürftige, Z f)
g) öffentliche Armen-, Kranken-, Arbeits-, Straf- und Besserungsanstalten; ferner Waisenhäuser, vom Staate genehmigte Hospitäler und andere Versorgungsanstalten oder andere milde Stiftungen, welche vom Staate als solche ausdrücklich oder durch Verleihung der Rechte juristischer Personen anerkannt sind, Z g)
h) öffentliche Schulen und Universitäten, öffentliche Sammlungen für Kunst oder Wissenschaft, Z h)
i) Deutsche Kirchen und andere Deutsche Religionsgesellschaften, denen die Rechte juristischer Personen zustehen. Z i)
k) Insoweit noch außerdem nach den bestehenden Bestimmungen subjektive Befreiungen vom Erbschaftsstempel, beziehungsweise von der Erbschaftsabgabe bestehen, welche nach den Landesgesetzen nur gegen Entschädigung aufgehoben werden können, oder auf besonderem landesherrlich verliehenen Privilegium beruhen, finden dieselben gleichmäßig auch auf die fernerhin zu entrichtende Erbschaftssteuer Anwendung. Z i)

Gegeben Berlin, den 30. Mai 1873.

Wilhelm.

Tabelle

über

den gegenwärtigen Werth einer gewissen Rente oder Nutzung auf eine bestimmte Anzahl von Jahren, behufs Festsetzung der davon zu entrichtenden Erbschaftssteuer.

[zu §. 16 des Gesetzes]

Anzahl der Jahre	Betrag der Jahres-Rente oder Nutzung von:																				
	1 Thlr.			2 Thlr.			3 Thlr.			4 Thlr.			5 Thlr.			6 Thlr.			7 Thlr.		
	Thlr.	sg.	pf.	Thlr.	sg.	pf.	Thlr.	sg.	pf.	Thlr.	sg.	pf.	Thlr.	sg.	pf.	Thlr.	sg.	pf.	Thlr.	sg.	pf.
1	1	—	—	2	—	—	3	—	—	4	—	—	5	—	—	6	—	—	7	—	—
2	1	28	7	3	27	2	5	25	9	7	24	3	9	22	10	11	21	5	13	20	—
3	2	25	9	5	21	7	8	17	4	11	13	2	14	8	11	17	4	8	20	—	6
4	3	21	8	7	13	5	11	5	1	14	26	9	18	18	6	22	10	2	26	1	10
5	4	16	5	9	2	9	13	19	2	18	5	6	22	21	11	27	8	3	31	24	8
6	5	9	11	10	19	9	15	29	8	21	9	6	26	19	5	31	29	4	37	9	2
7	6	2	3	12	4	7	18	6	10	24	9	1	30	11	4	36	13	8	42	15	11
8	6	23	7	13	17	2	20	10	9	27	4	4	33	27	11	40	21	7	47	15	2
9	7	13	11	14	27	10	22	11	8	29	25	7	37	9	6	44	23	5	52	7	3
10	8	3	3	16	6	6	24	9	8	32	12	11	40	16	2	48	19	5	56	22	8
11	8	21	8	17	13	4	26	4	11	34	26	7	43	18	3	52	9	11	61	1	7
12	9	9	2	18	18	5	27	27	7	37	6	9	46	16	—	55	25	2	65	4	4
13	9	25	11	19	21	10	29	17	8	39	13	7	49	9	6	59	5	5	69	1	4
14	10	11	10	20	23	8	31	5	5	41	17	3	51	29	—	62	10	10	72	22	8
15	10	26	11	21	23	11	32	20	10	43	17	10	54	14	9	65	11	9	76	8	8
16	11	11	5	22	22	9	34	4	2	45	15	7	56	26	11	68	8	4	79	19	9
17	11	25	2	23	20	3	35	15	5	47	10	6	59	5	8	71	—	10	82	25	11
18	12	8	3	24	16	5	36	24	8	49	2	11	61	11	1	73	19	4	85	27	7
19	12	20	8	25	11	5	38	2	1	50	22	9	63	13	5	76	4	2	88	24	10
20	13	2	7	26	5	2	39	7	9	52	10	4	65	12	10	78	15	5	91	18	—

Anzahl der Jahre	8 Thlr.			9 Thlr.			10 Thlr.			20 Thlr.			30 Thlr.			40 Thlr.			50 Thlr.		
	Thlr.	sg.	pf.	Thlr.	sg.	pf.	Thlr.	sg.	pf.	Thlr.	sg.	pf.	Thlr.	sg.	pf.	Thlr.	sg.	pf.	Thlr.	sg.	pf.
1	8	—	—	9	—	—	10	—	—	20	—	—	30	—	—	40	—	—	50	—	—
2	15	18	7	17	17	2	19	15	9	39	1	5	58	17	2	78	2	11	97	18	7
3	22	26	3	25	22	—	28	17	10	57	5	8	85	23	6	114	11	3	142	29	1
4	29	23	7	33	15	3	37	7	—	74	13	11	111	20	11	148	27	10	186	4	10
5	36	11	—	40	27	5	45	13	10	90	27	7	136	11	5	181	25	2	227	9	—
6	42	19	1	47	29	—	53	8	10	106	17	8	159	26	7	213	5	5	266	14	3
7	48	18	2	54	20	5	60	22	9	121	15	5	182	8	2	243	—	10	303	23	7
8	54	8	9	61	2	4	67	25	11	135	21	10	203	17	9	271	13	8	339	9	7
9	59	21	2	67	5	1	74	19	—	149	7	11	223	26	11	298	15	10	373	4	10
10	64	25	10	72	29	1	81	2	4	162	4	8	243	7	—	324	9	4	405	11	8
11	69	23	2	78	14	10	87	6	6	174	13	—	261	19	6	348	26	—	436	2	7
12	74	13	6	83	22	9	93	1	11	186	3	10	279	5	9	372	7	8	465	9	7
13	78	27	2	88	23	1	98	19	—	197	8	—	295	27	—	394	16	—	493	4	11
14	83	4	6	93	16	3	103	28	1	207	26	2	311	24	3	415	22	4	519	20	5
15	87	5	8	98	2	7	108	29	7	217	29	2	326	28	9	435	28	4	544	27	11
16	91	1	2	102	12	6	113	23	11	227	17	10	341	11	9	455	5	8	568	29	7
17	94	21	1	106	16	2	118	11	4	236	22	8	355	4	—	473	15	4	591	26	8
18	98	5	9	110	14	—	122	22	3	245	14	6	368	6	8	490	28	11	613	21	2
19	101	15	6	114	6	2	126	26	11	253	23	9	380	20	8	507	18	4	634	14	5
20	104	20	7	117	23	2	130	25	9	262	1	6	392	17	3	523	13	—	654	8	8

Anzahl der Jahre.	Betrag der Jahres-Rente oder Nutzung von: 60 Thlr.			70 Thlr.			80 Thlr.			90 Thlr.			100 Thlr.			1000 Thlr.		
	Thlr.	sg.	pf.	Thlr.	sg.	pf.	Thlr.	sg.	pf.	Thlr.	sg.	pf.	Thlr.	sg.	pf.	Thlr.	sg.	pf.
1	60	—	—	70	—	—	80	—	—	90	—	—	100	—	—	1,000	—	—
2	117	4	4	136	20	—	156	5	9	175	21	6	195	7	2	1,952	12	—
3	171	16	11	200	4	9	228	22	7	257	10	4	285	28	2	2,859	11	8
4	223	11	9	260	18	9	297	25	8	335	2	8	372	9	7	3,723	5	10
5	272	22	10	318	6	7	363	20	5	409	4	1	454	18	—	4,546	—	—
6	319	23	1	373	1	11	426	10	10	479	19	8	532	28	6	5,329	15	—
7	364	16	3	425	9	—	486	1	8	546	24	5	607	17	1	6,075	20	10
8	407	5	6	475	1	5	542	27	4	610	23	3	678	19	2	6,786	11	8
9	447	23	9	522	12	9	597	1	8	671	20	9	746	9	7	7,463	5	10
10	486	14	—	567	16	5	648	18	9	729	21	1	810	23	5	8,107	24	2
11	523	9	1	610	15	7	697	22	1	784	28	7	872	5	1	8,721	20	10
12	558	11	6	651	13	5	744	15	4	837	17	3	930	19	2	9,306	11	8
13	591	23	11	690	12	11	789	1	11	887	20	11	986	9	11	9,863	9	2
14	623	18	6	727	16	7	831	14	8	935	12	9	1,039	10	10	10,393	18	4
15	653	27	6	762	27	4	871	26	8	980	26	3	1,089	25	10	10,898	18	4
16	682	23	6	796	17	4	910	11	3	1,024	5	2	1,137	29	1	11,379	20	10
17	710	8	—	828	19	5	947	—	9	1,065	12	1	1,193	23	5	11,937	24	2
18	736	13	5	859	5	7	981	27	10	1,104	20	1	1,227	12	4	12,274	3	4
19	761	11	3	888	8	2	1,015	5	—	1,142	1	11	1,268	28	10	12,689	18	—
20	785	4	5	916	—	1	1,046	25	11	1,177	21	8	1,308	17	5	13,085	24	—

Anzahl der Jahre.	Betrag der Jahres-Rente oder Nutzung von: 1 Thlr.			10 Thlr.			100 Thlr.		
	Thlr.	sg.	pf	Thlr.	sg.	pf	Thlr.	sg.	pf.
21	13	13	10	134	18	8	1,346	6	7
22	13	24	9	138	6	4	1,382	3	7
23	14	4	11	141	20	5	1,416	24	—
24	14	14	8	144	26	7	1,448	25	10
25	14	23	11	147	29	7	1,479	25	10
26	15	2	10	150	28	2	1,509	11	8
27	15	11	3	153	22	7	1,537	15	7
28	15	19	3	156	12	11	1,564	9	—
29	15	26	11	158	29	5	1,589	24	4
30	16	4	3	161	12	4	1,614	3	4
31	16	11	2	163	21	9	1,637	7	6
32	16	17	9	165	27	10	1,659	8	5
33	16	24	1	168	—	10	1,680	8	1
34	17	—	1	170	—	9	1,700	7	6
35	17	5	9	171	27	10	1,719	8	8

Anzahl der Jahre.	Betrag der Jahres-Rente oder Nutzung von: 1 Thlr.			10 Thlr.			100 Thlr.		
	Thlr.	sg	pf.	Thlr.	sg.	pf.	Thlr.	sg.	pf.
36	17	11	2	173	22	3	1,737	12	7
37	17	16	5	175	14	1	1,754	20	8
38	17	21	4	177	3	5	1,771	3	11
39	17	26	—	178	20	4	1,786	23	8
40	18	—	6	180	5	1	1,801	21	—
41	18	4	9	181	17	9	1,815	27	4
42	18	8	10	182	28	4	1,829	12	10
43	18	12	8	184	7	—	1,842	9	7
44	18	16	5	185	13	9	1,854	17	8
45	18	19	11	186	18	10	1,866	8	5
46	18	23	3	187	22	3	1,877	12	4
47	18	26	5	188	24	—	1,888	—	4
48	18	29	5	189	24	4	1,898	3	—
49	19	2	4	190	25	2	1,907	21	7
50	19	5	1	191	20	7	1,916	26	1

Anzahl der Jahre.	Betrag der Jahres-Rente oder Nutzung von: 1 Thlr.			10 Thlr.			100 Thlr.		
	Thlr.	sg	pf	Thlr.	sg.	pf.	Thlr.	sg.	pf.
51	19	7	8	192	16	9	1,925	17	8
52	19	10	1	193	10	10	1,933	18	8
53	19	12	7	194	5	5	1,941	24	4
54	19	14	10	194	28	—	1,949	10	2
55	19	16	11	195	19	6	1,956	15	4
56	19	19	—	196	10	1	1,963	10	6
57	19	20	11	196	29	7	1,969	25	6
58	19	22	10	197	18	2	1,976	1	6
59	19	24	7	198	5	10	1,981	28	6
60	19	26	3	198	22	9	1,987	17	5
61	19	27	11	199	8	9	1,992	27	11
62	19	29	5	199	24	1	1,998	—	10
63 und mehr.	20	—	—	200	—	—	2,000	—	—

II.

Vorschriften zur Ausführung des Erbschaftssteuergesetzes v. 30. Mai 1873.

1. Ew. Hochwohlgeboren [die Prov.-Steuerbehörden] erhalten hierbei x Exemplare der Anweisung für die Erbschaftssteuerämter zur Ausführuug des Gesetzes vom 30. Mai d. J., betreffend die Erbschaftssteuer, nebst Anlagen A bis H und x Exemplare einer entsprechenden Anweisung für die Haupt-Zoll und Haupt-Steuer-Aemter nebst Anlagen I bis IV zur weiteren Veranlassung [diese beiden Anweisungen folgen unten sub a u. b].

Im Allgemeinen bemerke ich hierbei Folgendes:

I. Betreffs der Organisation der Erbschaftssteuerämter. Die Leitung des Geschäftsbetriebes bei dem Erbschaftssteueramte liegt ausschließlich dem als Vorstand desselben fungirenden Stempelfiskal ob, welchem gegenüber den Subalternbeamten des Erbschaftssteueramtes, insbesondere auch Betreffs der Handhabung der Disziplin und der Beurlaubung, gleiche Befugnisse zustehen, wie den Dirigenten der Hauptämter bezüglich der diesen untergebenen Beamten.

Die Provinzialbehörden haben Vorsorge zu treffen, daß die Geschäftsführung des Erbschaftssteueramtes nicht durch die dem Vorstande obliegenden Dienstreisen oder in Fällen anderweitiger dauernder Behinderung desselben unterbrochen wird, und die dieserhalb erforderlichen Anordnungen zu erlassen.

Wo zwei Erbschaftssteuerämter an einem Orte sind, oder wo ein Erbschaftssteueramt am Sitze der Provinzial-Steuerbehörde sich befindet, ist in der Regel die Vertretung des einen Stempelfiskals durch den andern, beziehungsweise durch den Justitiarius, oder ein anderes Mitglied der Provinzial-Steuerbehörde, anzuordnen.

Insoweit dies nicht ausführbar sein sollte und bei denjenigen Erbschaftssteuerämtern, bei denen die vorgedachten Voraussetzungen überhaupt nicht zutreffen, ist die Vertretung des Vorstandes in den ihm bei dem Erbschaftssteueramte obliegenden Geschäften einem der Subalternbeamten und zwar, wenn nicht besondere Umstände zu einer anderen Auswahl nöthigen, dem im Dienste ältesten zu übertragen, wobei demselben zugleich bezüglich des Umfanges der von ihm wahrzunehmenden Geschäfte des Vorstandes die erforderliche Instruktion zu ertheilen beziehungsweise auf die speziellen Bestimmungen des Vorstandes zu verweisen sein wird.

Zur Vermeidung von Störungen im Geschäftsgange der Erbschaftssteuerämter ist darauf hinzuwirken, daß die Stempelfiskale behufs auswärtiger Stempelrevisionen nicht mehrwöchige Reisen unternehmen, sondern zu diesem Zwecke, wenn auch öfter, jedesmal nur auf kürzere Zeit ihren Wohnsitz verlassen. Vor dem Antritt jeder Reise ist über Ziel und voraussichtliche Dauer derselben der Provinzial-Steuerbehörde Anzeige zu machen.

Bei den Stempelrevisionen haben die Fiskale sich möglichst der Hilfe eines Subalternbeamten des Erbschaftssteueramtes zu bedienen. Bei denjenigen Erbschaftssteuerämtern, bei welchen mehr als zwei Subalternbeamte beschäftigt sind, empfiehlt es sich, die jüngeren Beamten an den Stempelrevisionen abwechselnd Theil nehmen zu lassen, um so eine möglichst gleichmäßige und vielseitige Ausbildung derselben zu erwirken. Betreffs der Stellung der Stempelfiskale zu den Provinzial-Steuerbehörden wird aus Veranlassung einzelner vorgetragener Zweifel bemerkt, daß die Fiskale allerdings zum Etat dieser Behörden gehören und mit den übrigen Mitgliedern derselben, abgesehen von den Ober-Regierungsräthen, nach Maßgabe des Dienstalters rangiren, daß ihnen aber, auch wenn sie am Sitze der Provinzial-Steuerbehörde wohnen, die regelmäßige Betheiligung an den laufenden Arbeiten und an den Sitzungen nicht zur Pflicht gemacht werden kann. Hierdurch wird indeß nicht ausgeschlossen, daß in dringenden Fällen ihnen einzelne Arbeiten von den Provinzial-Steuerbehörden übertragen werden, sofern hieraus nicht eine Benachtheiligung der ihnen hauptsächlich obliegenden Dienstpflichten zu besorgen steht. Im Uebrigen bleibt der Erlaß einer besonderen Anweisung über die Geschäftsführung der Stempelfiskale vorbehalten.

II. Zu den Anweisungen für die Erbschaftssteuerämter und für die Haupt-Zoll- und Haupt-Steuer-Aemter.

1. Von den vorgeschriebenen Formularen werden folgende vom hiesigen Hauptstempelmagazin beschafft werden: a. das Stundungsregister (Muster E), b. das Einnahmeregister (Muster G), c. das Strafregister (Muster H), d. das Anmelderegister (Muster I), e. das

Einnahme-Journal (Muster II), f. Auszug aus dem Einnahme-Journal (Muster III). Die übrigen Formulare, mit Ausnahme der Todtenlisten, welche von den Regierungsbehörden beziehungsweise den Gerichtsbehörden beschafft werden, sind auf Kosten der Fonds für Büreaubedürfnisse beziehungsweise für Amtsunkosten drucken zu lassen.

2. Zu §. 1 der Anweisung für die Erbschaftssteuerämter. Die Einreichung monatlicher Todtenlisten ist für jetzt nur angeordnet für die Städte Berlin, Breslau, Köln und Frankfurt a. M. Die betreffenden Regierungs- und Gerichtsbehörden werden in dieser Beziehung mit besonderer Anweisung versehen werden. Sollte sich das Bedürfniß einer gleichen Anordnung für andere größere Städte herausstellen, so ist darüber zu berichten.

3. Zu §. 6 derselben Anweisung. Die Anweisung nimmt betreffs des Verfahrens bei verspäteter Anmeldung des Erbanfalls nur Bezug auf die im Gesetze vom 30. Mai d. J. gegebenen Strafbestimmungen. Wenn die Erbschaftssteuerämter sich angelegen sein lassen, in der durch die Anweisung vorgeschriebenen Weise die Interessenten bei steuerpflichtigen Erbfällen über ihre gesetzlichen Verpflichtungen zu belehren, so darf erwartet werden, daß Zuwiderhandlungen nicht in zu großer Anzahl vorkommen werden. Im Allgemeinen entspricht es der diesseitigen Intention, daß in denjenigen Fällen, wo nicht eine vorsätzliche Zuwiderhandlung aus fraudulöser Absicht vorliegt, die Strafbefugniß nur mit Milde gehandhabt wird, und daß insbesondere im Anfang nicht jede Versäumniß der Anmeldung, namentlich gegen geschäftsunkundige und der Gesetzeskenntniß entbehrende Personen geahndet wird. Hierauf nöthigenfalls in geeigneter Weise hinzuwirken, bleibt den Provinzial-Steuerbehörden überlassen.

4. Die §§. 10 und 14 der Anweisung für die Erbschaftssteuerämter ordnen die Einsendung der Erbschaftssteuertabellen an die vorgesetzte Provinzial-Steuerbehörde an, ohne Bestimmung über den Gang des Revisionsgeschäftes zu treffen. Bis auf Weiteres hat es bei dem bisherigen Verfahren zu bewenden, wonach die Tabellen bei der Provinzial-Steuerbehörde vorrevidirt und mit dem Entwurf zum Revisionsprotokoll hierher zur Superrevision eingereicht werden. Der späteren Entschließung ist vorbehalten, die endgiltige Revision den Provinzial-Steuerbehörden zu überlassen und die bisherige Superrevision auf die Einforderung einzelner Revisionsprotokolle mit den zugehörigen Tabellen und Akten zur Erhaltung der nothwendigen Gleichförmigkeit in der Auslegung und Anwendung der gesetzlichen Vorschriften zu beschränken.

5. Wegen Ueberweisung derjenigen Erbfälle an das Erbschaftssteueramt, in welchen durch eine nach dem 1. Januar k. J. publizirte gerichtliche Todeserklärung der Todestag des Erblassers auf einen vor dem 1. September 1867 fallenden Termin festgesetzt wird, ergeht besondere Bestimmung.

Ew. Hochwohlgeboren erhalten gleichzeitig hierbei eine Bekanntmachung, betreffend die Abgrenzung der den einzelnen Erbschaftssteuerämtern zugewiesenen Geschäftsbezirke [folgt unten sub c], zur schleunigen Veröffentlichung durch die Amtsblätter. FMR. v. 2. Dez. 1873 an sämmtliche Prov.-Steuerbehörden (CB. 1874 S. 17).

a.

Anweisung des FM. v. 14. Nov. 1873 (CB. 1874 S. 19)
zur Ausführung des Gesetzes vom 30. Mai 1873, betreffend die Erbschaftssteuer.
[die Formulare resp. Muster A—H sind im CB. nicht mitabgedruckt].

§. 1.

Todtenlisten.

Die nach §. 29 des Gesetzes den Erbschaftssteuerämtern einzureichenden Auszüge aus den Todtenlisten werden ihnen in vierteljährlichen Abschnitten in den ersten zehn Tagen der Monate

Januar, April, Juli und Oktober zugehen, sofern nicht für einzelne Bezirke oder Theile derselben wegen Einreichung monatlicher Todtenlisten besondere Anordnung getroffen ist.

Bei unterlassener rechtzeitiger Einsendung der Todtenliste ist der betreffende Geistliche oder Beamte einmal mit kurzer Frist anzumahnen. Nach fruchtlosem Ablaufe der letzteren ist Beschwerde bei der vorgesetzten Disziplinarbehörde des Säumigen, nöthigenfalls mit dem Antrage auf Festsetzung einer Ordnungsstrafe, zu führen.

Zu den Todtenlisten dient das unter A anliegende Formular nach Maßgabe der auf der Vorderseite desselben gegebenen Vorschriften [s. dieses Formular unten sub 2. b]. Die zur Einreichung der Todtenlisten verpflichteten Geistlichen, Beamten rc. haben zugleich dem Erbschaftssteueramte Mittheilung zu machen, wenn im Auslande erfolgte Sterbefälle von Personen, welche im Inlande Vermögen hinterlassen, in glaubhafter Weise zu ihrer Kenntniß gelangt sind.

Rücksichtlich der Verlassenschaften verschollener durch richterliches Erkenntniß für todt erklärter Personen vertreten die Erkenntnisse, von denen die Gerichte sofort nach eingetretener Rechtskraft dem zuständigen Erbschaftssteueramte eine kosten- und stempelfreie beglaubigte Abschrift zu übersenden haben, die Stelle der Todtenliste.

Von den Gerichten erhalten die Erbschaftssteuerämter beglaubigte Abschriften der eröffneten letztwilligen Verfügungen (§. 29 des Gesetzes).

§. 2.

Vervollständigung und weitere Behandlung der Todtenlisten rc.

Die Todtenlisten rc. sind sofort nach dem Eingange einer sorgfältigen Prüfung zu unterwerfen und nach Erforderniß durch Einziehung fernerer Auskunft des Ausstellers oder durch Requisition der Orts- oder Bezirksbehörden u. s. w. zu vervollständigen.

Demnächst werden sie vierteljahrsweise in einer ein für alle Male festzuhaltenden Reihenfolge (nach Kreisen oder Gemeinden oder Gerichtsbezirken rc.) geordnet, mit fortlaufenden Nummern versehen, zusammengeheftet und aufbewahrt.

§. 3.

Uebertragung der Todesfälle in die Erbschaftssteuertabelle.

Das Erbschaftssteueramt trägt die in den Todtenlisten und die in rechtskräftigen Erkenntnissen über verschollene, für todt erklärte Personen enthaltenen Sterbefälle in die nach den unten folgenden Formularen zu führende Erbschaftssteuertabelle (§. 8) unter laufender Nummer ein, soweit sie nicht nach dem Ergebniß der Prüfung der Todtenlisten steuerfrei sind. Ausgeschlossen bleiben hiernach nicht blos solche Fälle, in welchen nur erbschaftssteuerfreie Erben und Legatarien konkurriren, sondern auch diejenigen, in welchen nach Nr. 1 der Befreiungen im Tarif die Erhebung einer Erbschaftssteuer ausgeschlossen ist.

Gleichzeitig ist die vorletzte Spalte der Todtenliste durch Vermerk der Nummer auszufüllen, welche der Fall in der Erbschaftssteuer-Haupttabelle erhalten hat. Bei den nicht in die Tabelle aufgenommenen Fällen wird jene Rubrik durchstrichen.

Behufs leichter Ermittelung ist ein fortlaufendes alphabetisches Repertorium der in die Tabellen aufgenommenen Erbfälle zu führen, dessen Einrichtung den Erbschaftssteuerämtern überlassen bleibt.

§. 4.

Mittheilung von Sterbefällen an andere Erbschaftssteuerämter.

Von den Erbfällen, die nicht zur Kompetenz des Erbschaftssteueramtes gehören, macht dasselbe dem zuständigen Erbschaftssteueramte durch Uebersendung einer Abschrift aus der Todtenliste, welche auch die Ausfüllung der vorletzten Spalte enthalten muß, Mittheilung und trägt die ihm von dem kompetenten Amte mitzutheilende Nummer, welche der Erbfall in dessen Tabelle erhalten hat, unter Durchstreichung der übrigen Spalten in die letzte Spalte seiner Erbschaftssteuertabelle ein.

[In dem Falle des §. 4 der Anweisung zur Ausführung des Gesetzes vom 30. Mai 1873 hat das zuständige Erbschaftssteuer-Amt auch diejenigen Erbfälle in seine Tabelle aufzunehmen, welche nach dem Ergebniß der Prüfung des Todtenlisten-Auszuges steuerfrei erscheinen. Es besteht danach für die überwiesenen Erbfälle allerdings eine Ausnahme von der im §. 3 ausgesprochenen Regel. Das Interesse einer wirksamen Kontrole hat diese Ausnahme nützlich erscheinen lassen. FMR. v. 29. Sept. 1874 III 12566 an d. PStD. in Mg].

§. 5.

Verfahren bei Todesfällen von Personen, die ihren Gerichtsstand im Bezirke mehrerer Erbschaftssteuerämter gehabt haben.

Bei Todesfällen von Personen, welche ihren Gerichtsstand in den Bezirken mehrerer Erbschaftssteuerämter gehabt haben, hat dasjenige, in dessen Bezirk der Erblasser zuletzt gewohnt hat, für die Steuerberichtigung von der ganzen Verlassenschaft zu sorgen.

§. 6.

Weiteres Verfahren bei Ermittelung der Erben und des Nachlasses.

Sobald dem Erbschaftssteueramte ein seiner Kompetenz unterliegender Erbfall bekannt wird, dessen Steuerfreiheit nicht erhellt, übersendet es ohne Rücksicht auf die gesetzlichen Fristen den Erben (unter Kreuzband) eine nach Anleitung des anliegenden Musters D [folgt hierunter] zu entwerfende und durch den Druck vervielfältigte Belehrung über die Pflichten der Erben und Legatare.

Wird die Frist zur Anmeldung des Erbfalls (§. 30 des Ges.) versäumt, so ist nach §. 41 des Gesetzes zu verfahren. Eine besondere Aufforderung zur Einreichung des Inventariums und der Deklaration (§. 33 des Ges.) findet nicht Statt.

Gegen Säumige ist nöthigenfalls nach §§. 36, 41 des Gesetzes zu verfahren.

Mit Rücksicht auf die Bestimmungen im §. 37 des Gesetzes hat das Erbschaftssteueramt sorgfältig zu prüfen, ob Veranlassung gegeben sei, über die Richtigkeit und Vollständigkeit des vorgelegten Verzeichnisses und der Deklaration, oder einzelner Theile derselben, eine eidesstattliche Versicherung zu erfordern, und bejahendenfalls zu bestimmen, ob dieselbe mündlich oder schriftlich, und unmittelbar vor dem Erbschaftssteueramt selbst oder vor einer deshalb requirirten Behörde abgegeben werden soll; auch nöthigenfalls die Frist, innerhalb deren dies geschehen soll, festzusetzen (§. 43 des Gesetzes).

Bei Aufstellung des Inventariums ist den Steuerpflichtigen gestattet, anstatt spezieller Aufführung der zu den Titeln V [„IV“, s. im unten folgenden Muster D sub 2] bis XX des im Muster D gegebenen Schemas zum Inventarium gehörigen Gegenstände titelweise den Gesammtwerth anzugeben, sofern sie durch Vorlegung der Feuerversicherungspolizen, oder sonst die Richtigkeit ihrer Angaben glaubhaft nachweisen.

Bei den etwa durch das Erbschaftssteueramt zu bewirkenden Werthsermittelungen (§§. 19, 36 des Gesetzes) ist ohne prozessualische Weitläuftigkeiten zu verfahren.

§. 7.

Erbschaftssteuertabellen.

Die Erbschaftssteuerämter haben Erbschaftssteuertabellen nach den unter B und C anliegenden Mustern zu führen. Dieselben zerfallen in Haupt- und Nachtrags-Tabellen.

§. 8.

Erbschaftssteuer-Haupttabelle.

Die Haupttabelle umfaßt einen halbjährigen Zeitraum und wird nach ihm benannt (cfr. Formular C). In dieselbe sind alle in dieser Periode vorgekommenen Erbfälle aufzunehmen, deren Steuerfreiheit nicht aus den Todtenlisten erhellt.

In der fünften Spalte wird das, was jeder einzelne Erbe ꝛc. erhält, in einer Summe angegeben.

Die sechste Spalte macht den Prozentsatz ersichtlich, nach welchem die Steuer von jedem einzelnen Erbtheile 2c. zu entrichten ist.

In der siebenten wird der Betrag der von jedem einzelnen Erbnehmer u. s. w. wirklich entrichteten Steuer ausgeworfen, jedoch erst dann, wenn die Versteuerung bei dem betreffenden Erbfalle vollständig geschehen, oder als nicht zu erzwingen dargethan, also wenn kein einzelner fälliger Steuerbetrag bei dem betreffenden Erbfall mehr rückständig ist.

In der achten Spalte sind die im Vordruck gestellten Fragen, soweit nöthig, zu beantworten.

Bei Aversionalversteuerungen unterbleibt die Ausfüllung der Spalten 3 bis 5 betreffs derjenigen Erbtheile 2c., für welche die Aversionalversteuerung zugelassen ist. In der Spalte 8 wird in diesen Fällen der entsprechende Vermerk unter Bezeichnung des Ministerialerlasses gemacht, durch welchen die Aversionalversteuerung genehmigt ist.

Auf dem Titelblatte sind die zur nächsten Nachtragstabelle übergehenden Erbfälle nach den Nummern und nach den Zunamen der Erblasser zu verzeichnen.

§. 9.

Erbschaftssteuer-Nachtragstabelle.

In die Nachtragstabelle sind aufzunehmen:

a. alle Erbfälle, welche dem Erbschaftssteueramte zu spät bekannt geworden sind, um in die Haupttabelle des Halbjahrs, in welchem der Erblasser verstorben ist, aufgenommen werden zu können;

b. alle Erbfälle, welche bis zum Abschlusse der vorhergehenden Haupt- resp. Nachtrags-Tabelle durch Einzahlung der Steuer, beziehungsweise durch erwiesene Unbeitreiblichkeit einzelner oder sämmtlicher Steuerbeträge, nicht vollständig erledigt sind (cfr. §. 8);

c. Erbfälle, welche von der höheren Behörde bei der Revision einer früheren Tabelle zur Nachtragstabelle verwiesen sind;

d. Erbfälle, in welchen die Berechnung oder Einziehung eines Steuerbetrages suspendirt geblieben ist (§§. 6, 7, 20, 21, 22, 25, 38 des Gesetzes), nach Fortfall des Grundes der Suspension.

Die Nachtragstabelle ist nach dem Zeitraum, den sie umfaßt, zu rubriziren, so daß als Anfangstag der erste Tag desjenigen Halbjahres, aus welchem der älteste aufzunehmende Erbfall herstammt, und als Endtermin der letzte Tag desjenigen Halbjahres anzugeben ist, welches demjenigen Halbjahre unmittelbar vorhergeht, worüber die neueste Haupttabelle lautet.

In der zweiten Rubrik ist die Nummer einzutragen, unter welcher der betreffende Erbfall in der zu bezeichnenden Haupttabelle vorgetragen war.

Im Uebrigen gilt wegen sämmtlicher Rubriken der Nachtragstabelle das für die Aufstellung der Haupttabelle Angeordnete.

In der letzten Rubrik sind auch die bei Revision früherer Tabellen gezogenen genau zu bezeichnenden Erinnerungen kurz und vollständig zu beantworten.

§. 10.

Zeitpunkt der Aufstellung und Einsendung der Erbschaftssteuertabellen.

Die Haupttabelle wird in den Spalten 1 und 2 gleich nach Prüfung event. Vervollständigung der Todtenlisten, die Nachtragstabelle gleich nach dem Abschluß der vorgängigen Haupt- und Nachtrags-Tabelle aufgestellt. Die weitere Ausfüllung der Tabellen schreitet mit der Erledigung der einzelnen Erbfälle fort. Der Abschluß sowie die Einsendung der Tabellen und der nach den Ordnungsnummern der Tabellen gehefteten Akten über die erledigten Fälle an die vorgesetzte Provinzial-Steuerbehörde zur Revision erfolgt für die Haupttabelle des ersten Halbjahres und die zugehörige Nachtragstabelle zum 1. April des folgenden Jahres, für die entsprechenden Tabellen des zweiten Halbjahres zum 1. Oktober des folgenden Jahres.

§. 11.

Stundungregister.

Um die Entrichtung der in den Fällen der §§. 6, 7, 20, 21, 22, 25, 38 des Gesetzes suspendirten Steuerbeträge zu kontroliren, führt das Erbschaftssteueramt ein Stundungsregister nach dem Muster E.

In demselben sind die einzelnen Fälle nach Anleitung des Formulars einzutragen. In der siebenten Spalte sind die Nummern zu vermerken, unter welchen die zur Sicherstellung hinterlegten Werth-Papiere oder ausgestellten Kautionsinstrumente 2c., oder die baar bestellten Kautionen, in das Dokumentenjournal und das Dokumentenmanual resp. das Depositenmanual des betreffenden namhaft zu machenden Hauptamtes eingetragen sind.

Ist die Steuer nach Ablauf einer bestimmten Zeit fällig, so ist nur der Eintritt dieses Zeitpunktes abzuwarten und alsdann die Entrichtung der Steuer zu veranlassen.

Wenn dagegen der Zeitpunkt der Fälligkeit ungewiß ist, so sind nach angemessen erscheinenden Fristen von den Betheiligten glaubwürdige Nachweise darüber zu fordern, daß der Grund zur Stundung noch fortdauert.

Nach dem Erlöschen des Nießbrauches, beziehungsweise nach dem Eintritte resp. Fortfalle der Bedingung ist der Fall in die nächste Nachtragstabelle aufzunehmen und event. bis zur vollständigen Erledigung fortzuführen.

Die betreffende Nachtragstabelle und die Nummer, unter welcher der Fall dort vorgetragen ist, sind im Stundungsregister zu vermerken.

Inwieweit das Bedürfniß vorliegt, zur Kontrole der Versteuerung unsicherer Forderungen (§. 23 des Ges.) den betreffenden Erbfall in das Stundungsregister einzutragen, bleibt der Beurtheilung des Erbschaftssteueramtes überlassen.

§. 12.

Feststellung, Einziehung und Sicherstellung der Steuerbeträge.

Die nach erfolgter Berechnung der Erbschaftssteuer nach §. 39 des Gesetzes zu ertheilende Bescheinigung wird nach dem anliegenden Muster F ausgefertigt. Im Falle der Aversionalversteuerung (§. 38 des Ges.) ist in der Bescheinigung die genehmigende Verfügung zu bezeichnen, wobei für diejenigen Erbantheile, betreffs deren die Aversionalversteuerung zugelassen ist, die Ausfüllung der Spalten 3, 4 und 5 unterbleibt. Zur Empfangnahme der Zahlung ist ein Hauptamt im Bezirke des Erbschaftssteueramtes, und zwar in der Regel dasjenige, in dessen Bezirk der Erbfall sich ereignet hat (§. 5) zu bestimmen. Wohnen die zahlungspflichtigen Personen nicht in der Nähe des Hauptamtes, so kann das ihnen zunächst gelegene Zoll- oder Steuer-Amt mit der Empfangnahme der Zahlung für Rechnung des Hauptamtes nach den hierüber besonders getroffenen Bestimmungen beauftragt werden [vergl. die sub b folgende Anweisung §. 1 Absatz 2].

Gleichzeitig überweist das Erbschaftssteueramt, unter Zufertigung einer beglaubigten Abschrift, oder eines beglaubigten Auszuges aus der Bescheinigung, die Steuer dem betreffenden Hauptamte zur Einziehung und Verrechnung und trägt den Posten als Solleinnahme in das nach dem anliegenden Muster G zu führende Einnahmeregister ein.

Die Hauptämter haben dem Erbschaftssteueramte monatlich, oder nach Bedürfniß in kürzeren Fristen, periodische Extrakte über die vereinnahmte Erbschaftssteuer zuzusenden, auf Grund deren das Einnahmeregister berichtigt und die noch offene Spalte 7 resp. 8 der Erbschaftssteuertabelle ausgefüllt wird. Bleibt die rechtzeitige Zahlung aus, so hat das Hauptamt hiervon das Erbschaftssteueramt alsbald zu benachrichtigen und dessen etwaigen Requisitionen um Vollstreckung der Exekution Folge zu geben.

Betreffs der auf Grund der §§. 6, 7, 20—22, 25 des Gesetzes sicher zu stellenden Steuerbeträge hat das Erbschaftssteueramt die Berechnung der Beträge vorzunehmen und die Verpflichteten zur Erklärung aufzufordern, in welcher Weise sie die Sicherstellung leisten wollen.

Die Annehmbarkeit der angebotenen Sicherheit ist von dem Erbschaftssteueramte zu prüfen.

Von dem Ergebniß dieser Prüfung sind die Verpflichteten mit der Aufforderung zur Ablieferung der Werthpapiere, Dokumente 2c. an das namhaft zu machende Hauptamt binnen einer bestimmten Frist zu benachrichtigen. Das betreffende Hauptamt erhält von dieser Verfügung beglaubigte Abschrift.

Wird der Aufforderung zur Sicherheitsbestellung nicht entsprochen, so hat das betreffende Hauptamt auf Requisition des Erbschaftssteueramtes die exekutivische Beitreibung des sicher zu stellenden Betrages herbeizuführen.

Die Nummern, unter welchen die bestellte Kaution im Dokumentenjournal und im Dokumentenmanual resp. im Depositenmanual gebucht ist, hat das Hauptamt dem Erbschaftssteueramte behufs Vermerkung im Stundungsregister (§. 11) mitzutheilen.

Im Uebrigen finden betreffs der kassen- und rechnungsmäßigen Behandlung derartiger Deposita die sonst geltenden Vorschriften Anwendung.

§. 13.
Strafverfahren.

Strafen, welche das Erbschaftssteueramt auf Grund der §§. 36 und 41 Absatz 3 des Gesetzes festgesetzt hat, werden unter Uebersendung einer beglaubigten, bei Strafen aus §. 41 Absatz 3 des Gesetzes außerdem mit dem Atteste der Rechtskraft versehenen Abschrift der Strafverfügung, sowie unter Beifügung einer spezifizirten Kostenrechnung, dem zuständigen Hauptamte überwiesen, welches dieselben mit den entstandenen Kosten beizutreiben, durch das Prozeßregister in einer besonderen Abtheilung nachzuweisen und in seinem Strafgelderextrakt und zwar gesondert am Schlusse zu verrechnen hat.

Von dem Resultate des Beitreibungsverfahrens ist dem Erbschaftssteueramte am Schlusse jedes Vierteljahres eine Uebersicht mitzutheilen, welche für jeden einzelnen Straffall die eingegangenen und die niedergeschlagenen Beträge ersichtlich macht.

Prozesse, welche aus Anlaß einer von dem Erbschaftssteueramte erlassenen Benachrichtigung durch das Hauptamt eingeleitet werden, sind nach den Vorschriften über das Verfahren wegen Zollvergehen zu instruiren und zu verrechnen.

Die für Zollstrafsachen den Hauptamtsdirigenten gewährte Befugniß zur Abstandnahme von der Einleitung des Strafverfahrens findet keine Anwendung.

Glaubt das Hauptamt, daß nach dem Ergebniß der angestellten Ermittelungen eine strafbare Handlung oder Unterlassung überhaupt nicht vorliegt, so kann, wenn das betreffende Erbschaftssteueramt hiermit einverstanden ist, die Reposition der Akten von ihm verfügt werden.

Das Submissions- und das Bagatell-Verfahren ist zulässig.

Von dem Ergebniß der eingeleiteten Untersuchungen ist dem Erschaftssteueramte vierteljährlich durch Mittheilung von Auszügen aus dem Strafgelderextrakte Kenntniß zu geben.

Ueber die von ihm selbst entschiedenen Strafsachen hat das Erbschaftssteueramt nach dem Muster H ein Strafregister zu führen.

§. 14.
Revision der Erbschaftssteuertabellen.

Die eingereichten Tabellen (§. 10) werden revidirt und mit dem Revisionsprotokolle dem Erbschaftssteueramte zur Beantwortung und Erledigung der Erinnerungen zurückgesendet.

Die Einforderung und die probeweise Revision der Todtenlisten und der Akten über die erbschaftssteuerfreien Erbfälle bleibt den revidirenden Behörden überlassen.

§. 15.
Restitutionen.

In Betreff der Erstattung zu viel gezahlter Erbschaftssteuern ist zu unterscheiden:

1. ob das desfallsige Gesuch um Rückzahlung außer dem Verfahren behufs der Revision der Erbschaftssteuertabellen vorkommt. In diesem Falle wird von dem Erbschaftssteueramte, nachdem die nothwendigen Erörterungen vorgenommen sind, gutachtlich, unter Beifügung der Akten und event. einer Restitutionsliquidation, an die Provinzial-Steuerbehörde berichtet; oder
2. ob die Nothwendigkeit der Erstattung bei Gelegenheit der Revision der betreffenden Erbschaftssteuertabelle entdeckt wird. Für diesen Fall wird der zu erstattende Betrag in dem Revisionsprotokolle vermerkt, der richtige Betrag mit Abänderung der ausgeworfenen Steuer in der Erbschaftssteuertabelle eingetragen und der fragliche Erbfall, wenn außerdem dabei nichts zu erinnern gewesen ist, in der Tabelle für erledigt angenommen.

Aus dem Revisionsprotokolle ist eine beglaubigte Nachweisung der zu erstattenden Steuerbeträge zu fertigen und darin die zur Empfangnahme des Erstattungsbetrages berechtigte Person anzugeben. Unter Mittheilung eines Auszuges hieraus wird die Anweisung zur Zurückzahlung des zu viel erhobenen Betrages in allen Fällen von der Provinzial-Steuerbehörde an die betreffenden Hauptämter ertheilt. An Personen, welche nicht in der Nähe des Hauptamtes wohnen, kann die Erstattung durch das ihnen zunächst belegene Zoll- oder Steueramt für Rechnung des Hauptamtes geleistet werden.

Im Uebrigen kommen hierbei dieselben Vorschriften zur analogen Anwendung, welche für die Restitution der Stempelsteuer maßgebend sind.

Zu §. 6 der vorstehenden Anweisung:

Muster D.

Erbschaftssteuer-Amt Halle a. S.

Erbschaftssteuer.

1. Anmeldung.

Nach näherer Vorschrift der §§. 30 bis 32 des Gesetzes, betreffend die Erbschaftssteuer, vom 30. Mai 1873, ist jeder, dem ein erbschaftssteuerpflichtiger Anfall (§. 1 des Gesetzes) zukommt, verpflichtet, binnen 3 Monaten, nachdem er Kenntniß davon erlangt hat, denselben dem zuständigen Erbschafts-Steueramte anzumelden.

Beim Vorhandensein mehrerer Theilnehmer an der Erbschaft kann die Anmeldung von einem derselben für die übrigen mitbewirkt werden.

Auf Verlangen des Anmeldenden bescheinigt das Erbschafts-Steueramt den Empfang der Anmeldung auf einem beizufügenden Duplikate derselben kosten- und stempelfrei.

Unterlassung der Anmeldung wird nach §. 41 des Gesetzes vom 30. Mai 1873 mit Geldbußen geahndet.

Beispiel I der Anmeldung: Die am 6. Januar 1874 zu Halle a. S. verstorbene unverehelichte Antonie Wolter hat in ihrem am 2. Februar d. J. zu Halle publizirten Testamente dem Unterzeichneten ein Legat von 500 Thlr vermacht.

Nordhausen, den 25. März 1874.

Friedrich Baumann
Stellmachermeister.

Beispiel II der Anmeldung: Die am 6. Januar 1874 zu Halle a. S. verstorbene unverehelichte Antonie Wolter hat in ihrem am 2. Februar d. J. zu Halle a. S. publizirten Testamente der Unterzeichneten den lebenslänglichen Nießbrauch an einem Kapitale von 500 Thlr vermacht.

Cröllwitz, den 6. März 1874.

Auguste Seebald.

Beispiel III der Anmeldung: Der am 1. März 1874 zu Naumburg a. S. ohne letztwillige Verfügung verstorbene Rentier August Emil Müllner hat zu seinen Erben hinterlassen:

1) den Unterzeichneten,

2) die verwittwete Steuer-Einnehmer Lehmann, Anna geb. Müllner zu Brandenburg,

3) die unverehelichte Auguste Menzel, Tochter des Kaufmanns Wilhelm Menzel zu Torgau.

Indem ich diesen Erbanfall zugleich Namens meiner Miterben anmelde, bitte ich, den Empfang der Anmeldung auf dem anliegenden Duplikate derselben zu bescheinigen.

2. Verzeichniß und Deklaration.

Innerhalb zweier Monate nach Ablauf der Anmeldungsfrist ist von den Erben und Vermächtnißnehmern nach näherer Vorschrift der §§. 33 bis 35 des Gesetzes vom 30. Mai 1873 ein vollständiges Verzeichniß (Inventarium) über die gesammte steuerpflichtige Nachlaßmasse vorzulegen. Ist ein Testamentsvollstrecker oder Nachlaßverwalter bestellt, so liegt zunächst diesem die Pflicht zur Einreichung des Verzeichnisses ob.

Das Nachlaß-Verzeichniß wird zweckmäßig nach folgenden Titeln aufgestellt:

I. Grundstücke und Grundgerechtigkeiten. II. Ausstehende Forderungen. III. Baares Geld. IV. Goldene, silberne und andere Medaillen und seltene Münzen. V. Juwelen und Kleinodien. VI. Uhren, Tabatieren und kleine kostbare oder künstliche Stücke. VII. Gold- und Silbergeschirr. VIII. Porzellan. IX. Gläser. X. Zinn, Kupfer, Messing, Blech und Eisen. XI. Leinenzeug und Betten. XII. Möbel und Hausgeräth. XIII. Kleidungsstücke. XIV. Wagen und Geschirr. XV. Vieh. XVI. Vorrath zum Gebrauch, insbesondere geerntete Früchte und Früchte auf dem Felde. XVII. Vorrath und Waaren zum Handel. XVIII. Gemälde, Zeichnungen, Kupferstiche, mathematische Instrumente uud Gewehre. XX. Briefschaften und Dokumente. XXI. Passiva und Schulden. [Alle diese Titel entsprechen denjenigen des im §. 53 Tit. 5 Th. 1 AGO. für gerichtliche Inventarien vorgeschriebenen Formulars; nur der dort noch vorhandene „Titel XIX. Bücher und Manuskripte" fehlt hier].

In demselben sind die einzelnen Nachlaßgegenstände unter Angabe ihres Werths aufzuführen. Bei Grundstücken ist außer dem Werthe, welchen sie beim Tode des Erblassers hatten, der letzte Erwerbspreis und das Jahr, in welchem er verabredet ist, die Feuerversicherungssumme und der jährliche Pacht- und Miethsertrag anzugeben. Auch ist der Jahresbetrag der Grund- und Gebäudesteuer zu vermerken. Bei ausstehenden Forderungen bedarf es der Angabe, zu welchem Prozentsatz sie ausgeliehen und bis zu welchem Tage die Zinsen bei Lebzeiten des Erblassers gezahlt, wie viel Zinsen also rückständig sind. Werthpapiere sind unter Angabe des Nennwerthes zum Kurswerthe, welchen sie am Todestage des Erblassers hatten, zur Berechnung zu bringen. Das baare Geld ist ohne Abzug der nach dem Tode des Erblassers daraus etwa geleisteten Zahlungen anzugeben. Im Interesse der Steuerpflichtigen wird es gestattet, den Werth der Nachlaßgegenstände, welche in die Titel IV bis XX gehören, titelweise summarisch aufzuführen, wenn dem Erbschaftssteuer-Amte die Richtigkeit dieser Angaben durch Vorlegung der Feuerversicherungspolizen, oder sonst glaubwürdig nachgewiesen wird. Die Schulden sind unter Titel XXI einzeln unter Namhaftmachung der Gläubiger aufzuführen und die Angaben durch Beifügung der Rechnungen und Quittungen zu belegen. Bei zinspflichtigen Schuldposten ist der Zinsfuß und der Zeitpunkt anzugeben, bis zu welchem die Zinsen bei Lebzeiten des Erblassers bezahlt sind.

Das Verzeichniß ist zu unterschreiben.

Gleichzeitig mit demselben ist eine schriftliche Deklaration der Verhältnisse, welche die Festsetzung der Erbschaftssteuer bedingen, dem Erbschaftssteuer-Amte einzureichen. In derselben müssen daher die einzelnen Erben und Legatarien nach Name, Stand, Wohnort, unter Angabe ihres Verwandtschaftsverhältnisses zum Erblasser, verzeichnet, der Betrag des jedem Einzelnen zufallenden Erbtheils angegeben, auch das Alter der Betreffenden aufgeführt werden, wenn es auf die Berechnung der Steuer von Einfluß ist. Wenn lediglich steuerfreie Erben berufen und nur einzelne steuerpflichtige Legate ausgesetzt sind, können sowohl das Nachlaßverzeichniß als auch die Deklaration auf diejenigen Angaben beschränkt werden, welche diese steuerpflichtigen Vermächtnisse betreffen. In jedem Falle ist anzugeben, ob eine letztwillige Verfügung (Testament, Kodizill 2c.) vorhanden ist.

Beispiel der Deklaration: Der Nachlaß des am 5. Januar 1874 zu Trotha verstorbenen Rentiers Ludwig Salmer beträgt nach dem anliegenden Verzeichniß 32,540 Thlr 5 Sgr. Hiervon erben nach dem am 2. Februar d. J. publizirten Testamente:

1, der Förster Friedrich Proemmel zu Hütten, ehelicher Sohn einer Schwester des Erblassers, ein Viertel;

2, die unverehelichte Minna Salmer zu Corbetha, Halbschwester des Erblassers, ein Viertel;

3, der minorenne, am 2. Februar 1860 geborene Ludwig Alscher zu Gräfenhainichen, Schwestersohn des Vaters des Erblassers, ein Legat von 500 Thlr;

4, die unverehelichte Marie Büttner zu Trotha, Dienstmagd des Erblassers, nicht verwandt, Mobilien und Kapitalien im Gesammtbetrage von 2770 Thlr 2 Sgr. 6 Pf.;

5, die Stadtkirche zu Halle a. S. 500 Thlr;

6, der unterzeichnete Testamentsvollstrecker als Vergeltung für seine Mühverwaltungen als solcher 500 Thlr;

7, der Alfred Müllner, Sohn des Architekten Hugo Müllner zu Halle a. S., nicht verwandt, den Rest des Nachlasses;

8, die Ehefrau des Architekten Hugo Müllner zu Halle a. S., Agathe geb. Senk, nicht verwandt, den Nießbrauch an dem Erbtheile ihres zu 7 genannten, am 3. April 1861 geborenen Sohnes Alfred bis zu dessen Großjährigkeit.

9. Sollte der zu 3 genannte Ludwig Alscher vor erreichter Großjährigkeit versterben, so fällt das für ihn bestimmte Legat an den zu 7 genannten Alfred Müllner.

Halle a. S., den 6. Mai 1874.

Max Hirschfeld
Waarenmakler
als Testamentsexekutor.

Wegen der in den §§. 27 und 28 des Gesetzes vom 30. Mai 1873 ausgesprochenen Haftbarkeit der Erben und Testamentsvollstrecker für die gesammten aus der Nachlaßmasse zu entrichtenden Erbschafts-Steuer-Beträge, empfiehlt es sich im Interesse der Betheiligten, die Einreichung des Inventariums und der Deklaration thunlichst bald und jedenfalls vor der Vertheilung des Nachlasses zu bewirken. Die Betheiligten sind berechtigt, ohne Rücksicht auf die in den §§. 30 und 33 des Gesetzes vom 30. Mai 1873 gestatteten Fristen sofort nach dem Erbanfall die Anmeldung, das Nachlaßverzeichniß (Inventarium) und die Deklaration einzureichen.

---

b.

Anweisung des FM. v. 14. Nov. 1873 (CB. 1874 S. 25)
für die Haupt-Zoll- und Haupt-Steuerämter zur Behandlung des Erbschaftssteuerwesens nach dem Gesetz vom 30. Mai 1873.
[die Muster I—IV sind im CB. nicht mitabgedruckt]

§. 1. Zufolge des §. 39 des Gesetzes vom 30. Mai d. J. (Ges.-S. S. 329) soll nach Berechnung der Erbschaftssteuer den Erben eine Bescheinigung ertheilt werden, in welcher unter Anderem die Beträge der von den einzelnen Erbnehmern zu entrichtenden Steuer auszuwerfen sind, auch die Steuerstelle zu bezeichnen ist, bei der die Einzahlung zu geschehen hat.

Diese Bescheinigung wird nach dem anliegenden Muster IV ausgefertigt. Im Falle der Aversionalversteuerung (§. 38 des Gesetzes) wird in der Bescheinigung die genehmigende Verfügung bezeichnet, wobei für diejenigen Erbantheile, betreffs deren die Aversionalversteuerung zugelassen ist, die Ausfüllung der Spalten 3, 4 und 5 unterbleibt. Zur Empfangnahme der Zahlung wird ein Hauptamt im Bezirke des Erbschaftssteueramts, und zwar in der Regel dasjenige, in dessen Bezirk der Erbfall sich ereignet hat (§. 5), bestimmt. Wohnen die zahlungspflichtigen Personen nicht in der Nähe des Hauptamtes, so kann das ihnen zunächst gelegene Zoll- oder Steueramt mit der Empfangnahme der Zahlung für Rechnung des Hauptamtes beauftragt werden.

Gleichzeitig überweist das Erbschaftssteueramt, unter Zufertigung einer beglaubigten Abschrift oder eines beglaubigten Auszuges aus der Bescheinigung, die Steuer dem betreffenden Hauptamte zur Einziehung und Verrechnung und trägt den Posten als Solleinnahme in das zu führende Einnahmeregister ein.

Die Hauptämter haben dem Erbschaftssteueramte monatlich, oder nach Bedürfniß in kürzeren Fristen, periodische Extrakte über die vereinnahmte Erbschaftssteuer zuzusenden, auf Grund deren das Einnahmeregister berichtigt wird. Bleibt die rechtzeitige Zahlung aus, so hat das Hauptamt hiervon das Erbschaftssteueramt alsbald zu benachrichtigen und dessen etwaigen Requisitionen um Vollstreckung der Exekution Folge zu geben.

§. 2. Bei den Haupt-Zoll- und Haupt-Steuer-Aemtern werden über die Erbschaftssteuer zwei Register geführt, nämlich: 1. ein Anmelderegister von dem Hauptamtskontroleur (§. 3) und 2. ein Einnahmejournal von dem Hauptamtsrendanten (§. 4).

§. 3. In dem Anmelderegister (§. 2), welches nach dem Muster I anzulegen ist, werden die von den Erbschaftssteuerämtern in Abschrift oder im Auszuge übersandten Bescheinigungen nach der Reihenfolge ihres Eingangs dem Vordruck der Spalten 1 bis 10 entsprechend gebucht; die Spalten 11 bis 13 werden erst ausgefüllt, sobald die Steuerzahlung erfolgt.

Soll nach der getroffenen Bestimmung die Einzahlung der Erbschaftssteuer bei einer dem Hauptamte untergeordneten Hebestelle für dessen Rechnung erfolgen, so wird der zur Einziehung überwiesene Betrag ebenfalls in dem Anmelderegister des Hauptamts angeschrieben, demnächst aber die von dem Erbschaftssteueramte übersandte Bescheinigung dem Unteramte Behufs Einziehung der Abgabe zugefertigt. Die eingehende Erbschaftssteuer wird von dem Unteramte im Depositenmanual gebucht und mittelst Lieferzettel unter Wiederbeifügung der Bescheinigung an das Hauptamt abgeführt.

Die von dem Erbschaftssteueramte dem Hauptamte übersandten Bescheinigungsabschriften oder Auszüge bilden die Beläge des Anmelderegisters. Wird das Soll einer Steuerpost durch eine weitere Benachrichtigung des Erbschaftssteueramts geändert, so ist die erste Eintragung des Solls einfach und zwar so, daß sie noch leserlich bleibt, zu durchstreichen, der neue Sollbetrag darüber zu notiren und demnächst die bezügliche Benachrichtigung des Erbschaftssteueramts mit zu den Registerbelägen zu nehmen.

Das Anmelderegister umfaßt den Zeitraum des Kalenderjahres und wird jedesmal am 31. Dezember abgeschlossen. Insoweit bei diesem Abschluß die im Soll angeschriebenen Erbschaftssteuerbeträge noch nicht oder noch nicht vollständig zur Erhebung gekommen sind, werden die Rückstände nunmehr in den Spalten 14 und 15 des Registers vermerkt und demnächst die betreffenden Posten in das Anmelderegister des folgenden Jahres übernommen, und zwar, wenn auf das Soll eines steuerpflichtigen Erbfalls bereits Theilzahlungen erfolgt sind, nur die noch zu erledigenden Theilposten.

Das abgeschlossene Anmelderegister und das Anmelderegister des neuen Jahres, werden von dem Hauptamtsdirigenten, nach genauer Vergleichung der Uebertragungen, folgendermaßen bescheinigt, und zwar das abgeschlossene Anmelderegister dahin:

„daß sämmtliche im vorliegenden Register angeschriebenen Sollbeträge, insoweit dieselben unerledigt geblieben, in das Anmelderegister des neuen Jahres übertragen sind";

das Anmelderegister des neuen Jahres dahin:

„daß sämmtliche im Anmelderegister des letzten Vorjahrs gebuchten Sollbeträge, insoweit dieselben unerledigt geblieben, in dem vorliegenden Register vorgetragen sind".

Die so bescheinigten Uebertragungen bedürfen alsdann keines weiteren Belages.

Im Laufe des Jahres muß das Anmelderegister stets soweit als möglich aufgerechnet sein, auch zu jeder Zeit in Betreff der Isteinnahmen mit den Anschreibungen im Einnahmejournal übereinstimmen.

Der Hauptamtskontroleur hat bei der Führung des Anmelderegisters darüber zu wachen, daß die zum Soll gestellten Erbschaftssteuerbeträge rechtzeitig zur Einzahlung gelangen. Werden die in den Attesten festgestellten Zahlungsfristen überschritten, so hat derselbe alsbald zu veranlassen, daß das Erbschaftssteueramt durch das Hauptamt von der Fristüberschreitung Behufs der weiteren Veranlassung benachrichtigt wird.

§. 4. Das Einnahmejournal (§. 2 zu 2), welches ebenfalls den Zeitraum des Kalenderjahres umfaßt, wird nach dem anliegendem Muster II geführt. Die eingehenden Steuerzahlungen werden darin der Reihe nach, wie sie erfolgen, unter bis zum Jahresabschluß fortlaufender, von Eins anfangender Nummer angeschrieben. Die Einnahmen am Schluß jeden Tages werden mit den übrigen Einnahmen des Hauptamts an indirekten Abgaben in die Hauptkassenbücher übernommen und es wird demnächst das Einnahmejournal über die Erbschaftssteuer ebenso wie das Haupteinnahmejournal des Hauptamts monatlich abgeschlossen, aber fortlaufend bis zum Quartalschluß summirt.

Die Summen aller vier Quartale werden am Jahresschluß wiederholt und aufgerechnet. Die in dieser Weise dargestellte Jahreseinnahme muß mit dem Betrage in Spalte 13 des abgeschlossenen Anmelderegisters übereinstimmen.

§. 5. Insoweit die Erbschaftssteuer bei dem Hauptamte selbst eingezahlt wird, ist das auf den Originalen der Feststellungsbescheinigungen befindliche Quittungsformular nach erfolgter Ausfüllung von beiden Kassenbeamten zu vollziehen und unter jeder Namensschrift Seite und Nummer der von den betreffenden Beamten bewirkten Buchung zu vermerken. Die so quittirten Atteste sind alsdann dem Einzahler wieder auszuhändigen. Bei Erhebung der Steuer durch Unterstellen ist in ähnlicher Weise zu verfahren.

§. 6. Der monatlich, oder nach Bedürfniß in kürzerer Frist, dem Erbschaftssteueramte einzusendende Auszug aus dem hauptamtlichen Einnahmejournal über Erbschaftssteuer wird nach dem angeschlossenen Muster III angefertigt und von dem Hauptamtsdirigenten auf Grund zuvoriger Prüfung dahin bescheinigt:

„daß alle (in der Zeit vom . . . . bis . . . .) (im Monat . . . .) im Einnahmejournal angeschriebenen Erbschaftssteuerbeträge richtig in den Auszug übernommen sind".

§. 7. Das Einnahmejournal und das Anmelderegister mit seinen Belägen werden nach dem Jahresschluß, und zwar spätestens bis zum 10. Januar des neuen Jahres, an die Provinzial-Steuerbehörde Behufs der Registerrevision eingereicht.

Die aus dieser Revision entspringenden Defekte und Restitutionen sind nach den in der Anweisung zur hauptamtlichen Kassen- und Buchführung allgemein ertheilten Vorschriften zu behandeln.

§. 8. Die Erbschaftssteuer wird von dem Hauptamte zusammen mit den übrigen indirekten Steuern an die Kasse, bei welcher das Hauptamt mit seinen Einnahmen und Ausgaben einrechnet, abgeführt, jedoch in dem Haupt-Einnahmemanual, dem Verwaltungsabschluß und der Jahresrechnung in der bisher mit „Erbschaftsabgabe" bezeichneten und dem entsprechend zu ändernden Einnahmespalte nachgewiesen. Die durch spezielle Verfügungen der Provinzial-Steuerbehörde angewiesenen Rückzahlungen eingehobener Beträge an Erbschaftssteuer sind nicht im Anmelderegister und Einnahmejournal abzusetzen, sondern bei den Restitutionen in der Jahresrechnung von den indirekten Steuern aufzuführen und zu justifiziren.

§. 9. Betreffs der auf Grund der §§. 6, 7, 20—22, 25 des Gesetzes sicher zu stellenden Steuerbeträge hat das Erbschaftssteueramt die Berechnung der Beträge vorzunehmen und die Verpflichteten zur Erklärung aufzufordern, in welcher Weise sie die Sicherstellung leisten wollen. Die Annehmbarkeit der angebotenen Sicherheit ist von dem Erbschaftssteueramte zu prüfen. Von dem Ergebniß dieser Prüfung sind die Verpflichteten mit der Aufforderung zur Ablieferung der Werthpapiere, Dokumente 2c. an das namhaft zu machende Hauptamt binnen einer bestimmten Frist zu benachrichtigen. Das betreffende Hauptamt erhält von dieser Verfügung beglaubigte Abschrift.

Wird der Aufforderung zur Sicherheitsbestellung nicht entsprochen, so hat das betreffende Hauptamt auf Requisition des Erbschaftssteueramtes die exekutivische Beitreibung des sicher zu stellenden Betrages herbeizuführen.

Die Nummern, unter welchen die bestellte Kaution im Dokumentenjournal und im Dokumentenmanual resp. im Depositenmanual gebucht ist, hat das Hauptamt dem Erbschaftssteueramte, Behufs Vermerkung im Stundungsregister, mitzutheilen. Im Uebrigen finden betreffs der kassen- und rechnungsmäßigen Behandlung derartiger Deposita die sonst geltenden Vorschriften Anwendung.

§. 10. Strafen, welche das Erbschaftssteueramt auf Grund des §. 36 und §. 41 Abs. 3 des Gesetzes festgesetzt hat, werden unter Uebersendung einer beglaubigten, bei Strafen aus §. 41 Abs. 3 des Gesetzes außerdem mit dem Atteste der Rechtskraft versehenen, Abschrift der Strafverfügung, sowie unter Beifügung einer spezifizirten Kostenrechnung, dem zuständigen Hauptamte überwiesen, welches dieselben mit den entstehenden Kosten beizutreiben, durch das Prozeßregister in einer besonderen Abtheilung nachzuweisen, und in seinem Strafgelderextract, und zwar gesondert am Schlusse, zu verrechnen hat.

Von dem Resultate des Beitreibungsverfahrens ist dem Erbschaftssteueramte am Schlusse jedes Vierteljahrs eine Uebersicht mitzutheilen, welche für jeden einzelnen Straffall die eingegangenen und die niedergeschlagenen Beträge ersichtlich macht. Prozesse, welche aus Anlaß einer von dem Erbschaftssteueramte erlassenen Benachrichtigung durch das Hauptamt eingeleitet werden, sind nach den Vorschriften über das Verfahren wegen Zollvergehen zu instruiren und wie gewöhnlich zu verrechnen.

Die für Zollstrafsachen dem Hauptamtsdirigenten gewährte Befugniß zur Abstandnahme von der Einleitung des Strafverfahrens findet keine Anwendung.

Glaubt das Hauptamt, daß nach dem Ergebniß der angestellten Ermittelungen eine strafbare Handlung oder Unterlassung überhaupt nicht vorliegt, so kann, wenn das betreffende Erbschaftssteueramt hiermit einverstanden ist, die Reposition der Akten von ihm verfügt werden.

Das Submissions- und das Bagatell-Verfahren ist zulässig.

Von dem Ergebniß der eingeleiteten Untersuchungen ist dem Erbschaftssteueramte vierteljährlich durch Mittheilung von Auszügen aus dem Strafgelderextrakte Kenntniß zu geben.

Die bei der Erbschaftssteuerverwaltung festgesetzten Strafbeträge sind nach Vorschrift der Anweisung zur Prozeßbuchführung zu verrechnen.

---

c.

Bekanntmachung des FM. v. 2. Dez. 1873.

(CB. 1874 S. 28, im JMB. S. 3 mitgetheilt durch das unten sub 3. b folgende JMR. v. 30. Dez. 1873, und in den Amtsblättern)

Auf Grund der Bestimmungen im §. 29 des Gesetzes, betreffend die Erbschaftssteuer, vom 30. Mai d. J. werden vom 1. Januar 1874 ab folgende Erbschaftssteuerämter für die nachstehend angegebenen Geschäftsbezirke errichtet werden:

I. Provinz Preußen

1. Bezirk der Provinzial-Steuer-Direktion in Königsberg:

a. das Erbschaftssteueramt I. in Königsberg für den Regierungsbezirk Königsberg mit Ausnahme der Kreise Memel, Labiau, Wehlau und Gerdauen;
b. das Erbschaftssteueramt II. in Königsberg für den Regierungsbezirk Gumbinnen und die zu a genannten vier Kreise des Regierungsbezirks Königsberg.

2. Bezirk der Provinzial-Steuer-Direktion in Danzig:
a. das Erbschaftssteueramt I. in Danzig für den rechts der Weichsel gelegenen Theil des Verwaltungsbezirks, soweit er nicht zum Bezirke des Königlichen Stadt- und Kreisgerichts zu Danzig gehört, mit Einschluß des auf dem linken Weichsel-Ufer gelegenen Theiles des Kreises Thorn;
b. das Erbschaftssteueramt II. in Danzig für den übrigen Theil des Verwaltungsbezirks.

II. Provinz Brandenburg.
1. Das Erbschaftssteueramt in Berlin, in zwei Abtheilungen (I. und II.) getheilt, welches an die Stelle der bisherigen Erbschaftsstempelverwaltung tritt, für den Bezirk der Haupt- und Residenz-Stadt Berlin.
2. Das Erbschaftssteueramt in Frankfurt a. O. für den Regierungsbezirk Frankfurt a. O.
3. Das Erbschaftssteueramt in Potsdam für den Regierungsbezirk Potsdam.

Der bisher zum Bezirke des Stempelfiskalats in Frankfurt a. O. gehörige Kreis Hoyerswerda und der Bezirk der Königlichen Kreisgerichtskommission in Ruhland ist dem Erbschaftssteueramte in Liegnitz, die bisher zum Bezirke des Stempelfiskalats in Potsdam gehörige Stadt Friedland dem Erbschaftssteueramte in Frankfurt a. O. zugetheilt.

III. Provinz Pommern.
1. Das Erbschaftssteueramt I. in Stettin für den rechts der Oder gelegenen Theil der Provinz mit Einschluß der Inseln Usedom und Wollin.
2. Das Erbschaftssteueramt II. in Stettin für den übrigen Theil der Provinz mit Einschluß von Stettin und Alt-Damm.

IV. Provinz Posen.
1. Das Erbschaftssteueramt in Posen für den Regierungsbezirk Posen mit Ausnahme der Kreise Obornik, Samter, Birnbaum und Meseritz.
2. Das Erbschaftssteueramt in Bromberg für den übrigen Theil der Provinz.

V. Provinz Schlesien.
1. Das Erbschaftssteueramt in Liegnitz für den Regierungsbezirk Liegnitz und die Kreise Striegau, Steinau, Wohlau, Guhrau und Militsch.
2. Das Erbschaftssteueramt in Oppeln für den Regierungsbezirk Oppeln und die Kreise Glatz, Neurode, Halbelschwerdt, Frankenstein, Münsterberg, Namslau und Poln. Wartenberg.
3. Das Erbschaftssteueramt in Breslau für den, nach Abzweigung der zu V. 1 und 2 namhaft gemachten Kreise, verbleibenden Theil des Regierungsbezirks Breslau.

VI. Provinz Sachsen.
1. Das Erbschaftssteueramt in Magdeburg für den Regierungsbezirk Magdeburg und die Kreise Wittenberg, Schweinitz, Liebenwerda und Torgau.
2. Das Erbschaftssteueramt in Halle a. S. für den übrigen Theil der Provinz und für den bisher zum Bezirke des Erbschaftssteuer-Fiskalats Kassel gehörigen Kreis Schmalkalden.

VII. Provinz Westfalen.
1. Das Erbschaftssteueramt in Münster für die Regierungsbezirke Münster und Minden und den bisher zum Bezirke des Erbschaftssteuerfiskalates in Kassel gehörigen Kreis Rinteln.
2. Das Erbschaftssteueramt in Arnsberg für den Regierungsbezirk Arnsberg.

VIII. Provinzen Schleswig-Holstein, Hannover und Hessen-Nassau.

Die zu Altona, Hannover, Kassel und Wiesbaden bestehenden Erbschaftssteuerfiskalate werden vom 1. Januar 1874 ab die Bezeichnung „Erbschaftssteueramt" erhalten. Die Geschäftsbezirke derselben bleiben unverändert, mit Ausnahme der vorstehend unter VI und VII erwähnten Ueberweisung des Kreises Schmalkalden an das Erbschaftssteueramt in Halle a. S. und des Kreises Rinteln an das Erbschaftssteueramt in Münster.

IX. Rheinprovinz.

1. Das Erbschaftssteueramt in Köln für den Stadtkreis Köln, den Landkreis Köln, die Kreise Bonn, Euskirchen, Rheinbach, Bergheim, Mühlheim a. Rh., sowie den Sieg-Kreis.
2. Das Erbschaftssteueramt in Düsseldorf für den Stadtkreis Düsseldorf, den Landkreis Düsseldorf, den Stadtkreis und den Landkreis Duisburg, die Kreise Rees, Kleve, Geldern, Mörs, den Stadtkreis Krefeld, den Landkreis Krefeld, den Kreis Neuß, sowie für den Preußischen Gerichtsbezirk der Bundesfestung Mainz.
3. Das Erbschaftssteueramt in Elberfeld für die Stadtkreise Elberfeld, Barmen, Essen, den Landkreis Essen und die Kreise Mettmann, Solingen, Lennep, Wipperfürth, Gummersbach und Waldbröl.
4. Das Erbschaftssteueramt in Koblenz.
5. Das Erbschaftssteueramt in Trier.
6. Das Erbschaftssteueramt in Aachen.

Die Geschäftsbezirke der zu 4, 5 und 6 gedachten Erbschaftssteuerämter fallen mit denjenigen der an den genannten Orten bestehenden Stempelfiskalate zusammen.

Als Vorstand eines jeden Erbschaftssteueramtes (in Berlin jeder Abtheilung des Erbschaftssteueramtes) wird ein Stempelfiskal fungiren, welchem zugleich die nähere Aufsicht über die Beobachtung der Stempelgesetze innerhalb des Geschäftsbezirkes des Erbschaftssteueramtes obliegt.

---

2. Die Königliche Regierung [resp. Landdrostei — s. am Schluß] erhält hierbei eine von uns unter dem heutigen Tage erlassene Bekanntmachung, betreffend die Verpflichtung der Geistlichen [jetzt der Standesbeamten, s. unten sub 4] und Civilstands-Beamten zur Einsendung von Todtenlisten an die mit dem 1. Januar k. J. in Wirksamkeit tretenden Erbschaftssteuer-Aemter [folgt unten sub a], mit dem Auftrage, dieselbe durch das Amtsblatt schleunigst zu veröffentlichen.

Von dem zu den Todtenlisten zu gebrauchenden Formular fügen wir ein Exemplar mit der Anweisung bei [folgt unten sub b], die erforderlichen Exemplare hiernach drucken zu lassen und sie an die zur Einreichung der Todtenlisten verpflichteten Kultus- und Civilstands-Beamten einschließlich der Militair- und Marine-Geistlichen zu vertheilen. Nach Maßgabe der örtlichen Verhältnisse kann, nöthigenfalls nach vorheriger Verständigung mit der zuständigen Provinzial-Steuer-Behörde, der zur Bezeichnung des Bezirks gewählte Vordruck auf der ersten Seite des Musters (Gemeinde, Bürgermeisterei, Gerichtsbezirk) durch Fortlassung der einen oder der anderen Bezeichnung geändert werden.

Zusatz für die Provinzen Preußen, Posen, Schlesien, Brandenburg, Pommern, Sachsen, Westfalen: Ein Verzeichniß der zur Einsendung von Todtenlisten verpflichteten Geistlichen ist für jeden Bezirk aufzustellen und der zuständigen Provinzial-Steuer-Behörde mitzutheilen.

Zusatz für Kassel und Wiesbaden: Die im Vordruck des Musters zur Todtenliste gegebene Anweisung, wonach die Todtenlisten von den Geistlichen 2c. direkt dem zuständigen Erbschaftssteuer-Amte zuzusenden sind, weicht von der nach der Anzeige des Provinzial-Steuer-Direktors in Kassel im dortigen Bezirke, mit Ausnahme der größeren Städte, bisher geübten Praxis ab, wonach die Todtenlisten Behufs der Vervollständigung der Eintragungen zunächst den Ortsbehörden übermittelt und von diesen dem Erbschaftssteuer-Fiskalate zugesendet werden. Da nach der Anzeige des Provinzial-Steuer-Direktors dieses Verfahren sich als zweckmäßig bewährt und nicht zu Unzuträglichkeiten geführt hat, so mag es auch in Zukunft hierbei verbleiben, was den betreffenden Geistlichen und Ortsbehörden zu eröffnen ist. Auch kann in diesem Sinne der auf der ersten Seite des Musters zur Todtenliste befindliche Vordruck ergänzt bzw. modifizirt werden. R. des FM., des M. d. J. und des M. d. geistl. ꝛc. Angel. v. 3. Dez. 1873 an sämmtliche Regierungen (mit Ausnahme von Sigmaringen) und Landdrosteien (CB. 1874 S. 37 — wo jedoch nur die beiden ersten Absätze abgedruckt sind, MB. 1874 S. 24).

Vorstehendes Reskript v. 3. Dez. 1873 ist durch FMR. v. dems. Tage (CB. a. a. O.) sämmtlichen Prov.-Steuerbehörden zur Nachricht mit dem Bemerken mitgetheilt, daß der Herr Justiz-Minister, der Herr Kriegs- und der Herr Marine-Minister ersucht sind, die mit der Führung von Sterbe-Registern betrauten Gerichtsbehörden und die Standesbuchführer zu Frankfurt a. M., beziehungsweise die Militair- und Marine-Geistlichen mit gleichmäßiger Anweisung zu versehen.

a.

Bekanntmachung des FM., des M. d. J. u. des M. d. geistl. ꝛc. Angel. v. 3. Dez. 1873. (CB. 1874 S. 38, MB. 1874 S. 25 u. in den Amtsblättern)

Nach §. 29 des mit dem 1. Januar 1874 in Wirksamkeit tretenden Gesetzes vom 30. Mai d. J., betreffend die Erbschaftssteuer, sollen die zur Feststellung und Einziehung der Erbschaftssteuer-Beträge bestimmten Erbschaftssteuer-Aemter nach Vorschrift der zuständigen Ministerien von denjenigen, welchen die Führung der Todtenlisten obliegt, periodische Auszüge aus letzteren nach Maßgabe der für diesen Zweck anzuordnenden Formulare erhalten.

Demgemäß wird angeordnet, daß alle diejenigen Geistlichen [jetzt die Standesbeamten, s. unten sub 4] und Civilstands-Beamten, denen nach den bestehenden Vorschriften die rechtsgültige Beglaubigung von Sterbefällen durch Eintragung in das von ihnen zu führende Register (Kirchenbuch) obliegt, in den ersten zehn Tagen der Monate Januar, April, Juli uud Oktober eine vollständige, durch ihre Unterschrift zu beglaubigende Liste derjenigen Personen dem zuständigen Erbschaftssteuer-Amte einzusenden haben, welche in den letztverflossenen drei Kalendermonaten als gestorben in das von ihnen geführte Register eingetragen sind.

Für die Stadtbezirke von Berlin, Breslau, Cöln sind die Todtenlisten nicht in vierteljährlichen, sondern in einmonatlichen Abschnitten aufzustellen und binnen zehn Tagen nach dem Schlusse jedes Monats einzusenden. Kommt im Laufe des betreffenden Zeitabschnitts kein Todesfall vor, so ist dieses dem Erbschaftssteuer-Amte binnen gleicher Frist schriftlich anzuzeigen (Vacat-Anzeige).

Da das Gesetz vom 30. Mai d. J. und diese Anweisung sich nur auf die nach dem Schlusse des laufenden Jahres eintretenden Sterbefälle beziehen, so sind die hier angeordneten Todtenlisten beziehungsweise Vakat-Anzeigen zuerst für das erste Vierteljahr 1874 bis zum 10. April 1874, in Berlin, Breslau und Cöln für den Januar 1874 bis zum 10. Februar 1874 einzureichen.

Für diejenigen Todesfälle, welche bis zum 31. Dezember d. J. eintreten, verbleibt es bei den bisherigen Vorschriften. In den Bezirken, in welchen gegenwärtig die Erbschaftsstempel-Verwaltung den Gerichtsbehörden obliegt, bewendet es mithin bei der Einsendung der Todtenlisten für das dritte Tertial 1873 an die Gerichtsbehörden.

Zu den Todtenlisten ist das vorgeschriebene Formular, welches die Regierungsbehörde des Bezirks den betreffenden Geistlichen und Civilstands-Beamten, einschließlich der Militair- und Marine-Geistlichen, zustellen wird, unter genauer Beachtung der im Vordruck der ersten Seite gegebenen Anleitung zu benutzen.

Die Sendungen der Todtenlisten und Vakat-Anzeigen an die Erbschaftssteuer-Aemter erfolgen Seitens derjenigen Geistlichen und Civilstands-Beamten, welchen nicht aus fiskalischen Fonds eine Vergütung für Frankirung von Postsendungen gezahlt wird, unfrankirt mit dem auf die Adresse zu setzenden Vermerk: „Portopflichtige Dienstsache" und unter Anwendung des Kirchen- beziehungsweise des Dienst-Siegels.

Die Bekanntmachung über die Abgrenzung der den einzelnen Erbschaftssteuer-Aemtern zuzuweisenden Geschäftsbezirke, aus welcher zu ersehen ist, an welches Erbschaftssteuer-Amt die Todtenlisten einzusenden sind, wird durch den Finanz-Minister besonders erlassen, und durch die Amtsblätter veröffentlicht werden (s. oben sub 1. c).

---

b.

Formular zu den Todtenlisten.

(GB. 1874 S. 39, 40, MB. 1874 S. 25, 26, JMB. 1874 S. 7, 8 — in letzterem mitgetheilt durch das unten sub 3. a folgende JMR. v. 31. Dez. 1873).

Die erste Seite des Formulars lautet:

Todten-Liste

. . . tes Vierteljahr 187 .

Regierungs-(Landdrostei-)Bezirk von . . . . — Bürgermeisterei . . . .
Amtsbezirk . . . .
. . . . Gerichtsbezirk . . . . .
Erbschaftssteueramts-Bezirk von . . . . . . — Gemeinde (Parochie) . . . . .

[vergl. das unten sub 4 folgende Reskript v. 15. Aug. 1874 Absatz 5]

Allgemeine Vorschriften zur Benutzung der Todtenlisten.

1. Die Todtenlisten, welche nach der Zeitfolge alle Todesfälle, oder wenn keine vorgekommen sind, eine Vakatbescheinigung enthalten müssen, und die mit Datum und Unterschrift des Ausstellers zu versehen sind, werden, bei Vermeidung gesetzlicher Ordnungsstrafe, in den ersten zehn Tagen der Monate April, Juli, Oktober und Januar dem Erbschaftssteuer-Amte unter der Rubrik „Portopflichtige Dienstsache" eingesendet. Insoweit durch besondere Anordnung für einzelne Bezirke die Einreichung monatlicher Todtenlisten vorgeschrieben ist, hat dieselbe binnen zehn Tagen nach dem Monatsschlusse zu erfolgen.
2. Bei Todesfällen, wo die Beerdigung aus Armenmitteln erfolgt, oder wo der Nachlaßwerth unzweifelhaft unter 50 Thlr beträgt, ist dies in der Kolonne 13 mit den Worten: „arm" oder „Nachlaß unter 50 Thlr" anzugeben und eine anderweitige Ausfüllung der Kolonnen 8 bis 13 unnöthig.
3. Bei Todesfällen ohne Testament, wo der Nachlaß ausschließlich an eheliche Nachkommen (Descendenten) oder an den überlebenden Ehegatten des Erblassers oder an Verwandte in aufsteigender Linie (Ascendenten) fällt und deshalb Befreiung von der Erbschaftssteuer eintritt, bedarf es, sofern das eine oder andere dieser Verhältnisse aus den Eintragungen in den Kolonnen 8 bis 12 deutlich erhellet, der Ausfüllung der Kolonne 13 nicht, ebenso beim Tode unbeerbter und vermögensloser Kinder, deren beide Eltern noch leben. Wo jedoch neben Ascendenten andere Verwandte zur Erbschaft gelangen, da ist bei solchen Kindern, die durch Vorverstorbene von Vater oder Mutter, oder auf sonstige Weise, schon zu eigenem, obschon in elterlicher oder anderweiter Gemeinschaft befangenem Vermögen gelangt waren, wie bei allen übrigen Todesfällen, die genaueste Ausfüllung der Kolonnen 8 bis 13 unerläßlich.
4. In die Todtenlisten sind auch diejenigen Fälle aufzunehmen, wo ein Inländer im Auslande mit Hinterlassung von Vermögen, welches im Inlande liegt, oder wo ein Ausländer mit Hinterlassung von diesseits gelegenem Grundvermögen gestorben ist. Sind solche Todesfälle nicht bekannt geworden, so ist dieses hierunter zu bescheinigen.

Die zweite und dritte Seite des Formulars hat die nachstehenden, neben einander laufenden 15 Kolonnen:

Laufende Nr.	Nr. des Sterbe-Registers.	a. Vorname b. Zuname (bei Ehefrauen und Wittwen außer dem Namen des Mannes auch der Geburtsname) c. Stand oder Gewerbe (bei Ehefrauen und Wittwen Stand oder Gewerbe des Mannes) — der Verstorbenen	Geburtsort — der Verstorbenen	Wohnort (In den größeren Städten Straße und Hausnummer. Falls nicht in der Gemeinde heimisch, Angabe des Wohnortes und des Regierungsbezirks) — der Verstorbenen	Alter Jahr — der Verstorbenen	Sterbetag — der Verstorbenen	Bei Kindern unter 14 Jahren. Ob beide Eltern noch leben oder welcher Theil. Auch Namen und Wohnort der etwa vorhandenen Geschwister.
1.	2.	3.	4.	5.	6.	7.	8.

Bei Verstorbenen eines höheren Alters. Ob sie ledig oder verheirathet oder verwittwet waren und event. seit wann?	Bei Verstorbenen eines höheren Alters. Ob Testament oder Ehevertrag, Ehestiftung, Einkindschafts- oder Erbvertrag vorhanden ist.	Bei Verstorbenen eines höheren Alters. Angabe der nächsten Verwandten nach Namen und Wohnort und ob Descendenten aus der letzten oder aus früheren Ehen.	Bei Verstorbenen eines höheren Alters. Angabe der nächsten Verwandten nach Namen und Wohnort und ob Ascendenten oder welche andere Verwandte oder deren Vormünder.	Summarische Angabe des bekannten Immobiliar- und Mobiliar-Nachlasses.	Nummer der Erbschaftssteuer-Tabelle des Erbschaftssteueramts.	Bemerkungen.
9.	10.	11.	12.	13.	14.	15.

3. a. Zur Ausführung des Gesetzes, betreffend die Erbschaftssteuer, vom 30. Mai d. J. ist bestimmt worden, daß den Erbschaftssteuer-Aemtern die nach §. 29 des Gesetzes periodisch mitzutheilenden Auszüge aus den Todtenlisten für die Städte Berlin, Breslau, Cöln und Frankfurt a. M. monatlich, im Uebrigen aber vierteljährlich übersandt werden. Die im Geltungsbereiche der Verordnung vom 30. März 1847 (GS. S. 125) und des Gesetzes vom 23. Juli 1847 (GS. S. 263) mit der Führung der Civilstandsregister für Dissidenten und für Juden befaßten Gerichte [jetzt die Standesbeamten, s. unten sub 4] und die Standesbuchführer in dem ehemaligen Gebiete der freien Stadt Frankfurt haben demgemäß die erforderlichen Auszüge aus den Todtenlisten für die Städte Berlin, Breslau und Frankfurt a. M. in den ersten zehn Tagen jedes Monats, im Uebrigen in den ersten zehn Tagen der Monate April, Juli, Oktober und Januar an das zuständige Erbschaftssteuer-Amt zu übersenden. Die Auszüge sind unter Benutzung des anliegenden Formulars und unter Beobachtung der demselben vorgedruckten allgemeinen Vorschriften aufzustellen (s. oben sub 2. b). Der Bedarf an Formularen wird von der Königlichen Regierung des Bezirks auf Ersuchen geliefert. JMR. v. 31 Dez. 1873 an die Gerichtsbehörden in den Provinzen Brandenburg, Pommern, Preußen, Schlesien, Posen, Sachsen, Westfalen und in der Rheinprovinz mit Ausschluß des Bezirks des Appellationsgerichtshofes in Cöln, sowie an die Standesbuchführer und die denselben vorgesetzten Gerichte im Bezirke des Appellationsgerichts zu Frankfurt a. M. (JMB. 1874 S. 6, CB 1874 S. 41, 42).

3. b. Zur Ausführung des Gesetzes, betreffend die Erbschaftssteuer, vom 30. Mai d. J. hat der Herr Finanz-Minister die Einrichtung der Erbschaftssteuer-Aemter nach Maßgabe der nachstehend abgedruckten Bekanntmachung vom 2. d. M. angeordnet (s. oben sub 1. c). An die errichteten Erbschaftssteuer-Aemter sind die nach §. 29 des Gesetzes von den Gerichten mitzutheilenden beglaubigten Abschriften der eröffneten letztwilligen Verfügungen sogleich nach der Eröffnung, die der Todeserklärungen sogleich nach dem Eintritt der Rechtskraft derselben zu übersenden. Sämmtliche Gerichte werden angewiesen, den Erbschaftssteuer-Aemtern jede statthafte und thunliche Auskunft über Thatsachen, welche für die Berechnung der Erbschaftssteuer erheblich sind, auf Ersuchen zu ertheilen. JMR. v. 30. Dez. 1873 an sämmtliche Gerichtsbehörden (JMB. 1874 S. 3, CB. 1874 S. 41).

3. c. Nachdem zur Kenntniß des Justiz-Ministers gelangt ist, daß bei einigen Gerichtsbehörden Zweifel über den Umfang der Anordnung in dem Schlußsatze der allgemeinen Verfügung vom 20. August 1867 (s. den folg. Absatz) zur Ausführung des §. 7 der Anordnung über Erhebung der Erbschaftsabgabe vom 5. Juli 1867 entstanden sind, wird diese Anordnung hierdurch dahin erläutert, daß die Gerichtsbehörden verpflichtet sind, den Erbschaftssteuer-Fiskalaten auf Verlangen die Einsicht von Akten, insbesondere auch von Vormundschafts-Akten, zu gestatten und ihnen dieselben zu diesem Zwecke zu übersenden. Sollten in einzelnen Fällen ausnahmsweise besondere sachliche Hindernisse entgegenstehen, so sind dieselben dem Fiskalat bekannt zu machen. JMR. v. 23. Aug. 1869 an die Gerichtsbehörden in den Bezirken der Appellationsgerichte zu Celle, Kiel, Kassel, Wiesbaden und Frankfurt a. M. (JMB. S. 171, CB. S. 474).

Der Schlußsatz der vorgedachten allg. Verf. des JM. v. 20. Aug. 1867 (an die Gerichtsbehörden in den neuen Landestheilen — JMB. S. 251) bestimmt: Auch sind die Gerichtsbehörden verpflichtet, jede statthafte und thunliche Auskunft, welche die Fiskalate Behufs Vervollständigung der Todtenlisten und der Ermittelung eines steuerpflichtigen Erbanfalls oder irgend welcher, den Betrag und die Fälligkeit einer Erbschaftsabgabe bedingender Thatsachen verlangen sollten, bereitwilligst zu ertheilen.

4. Nach §. 29 des Gesetzes vom 30. Mai 1873, betreffend die Erbschaftssteuer (GS. S. 329), haben alle diejenigen, welche Todtenlisten führen, also vom 1. Oktober d. J. an auch die in Folge des Gesetzes vom 9. März d. J. [GS. 1874 S. 95] in Wirksamkeit tretenden Standesbeamten, die Verpflichtung, nach Maßgabe der ministeriellen Anweisung dem zuständigen Erbschaftssteuer-Amte Auszüge aus den Todtenlisten einzureichen. [Vom 1. Januar 1876 ab sind es die Standesbeamten, welche nach dem (Reichs-)Gesetz über die Beurkundung des Personenstandes und die Eheschließung vom 6. Febr. 1875 — RGbl. S. 23 — für das ganze Deutsche Reich in Wirksamkeit treten].

Die näheren Bestimmungen über die Aufstellung und Einsendung dieser Auszüge, bezw. der Vakat-Anzeigen, sind in der von uns in Gemeinschaft mit dem Herrn Minister für geistliche, Unterrichts- und Medizinal-Angelegenheiten erlassenen, den einzelnen Regierungen und Landdrosteien mittelst Verfügung vom 3. Dezember v. J. zur Publikation durch die Amtsblätter zugegangenen Bekanntmachung getroffen (s. oben sub 2. a), und die Geschäftsbezirke der einzelnen Erbschaftssteuer-Aemter sind in der gleichfalls durch die Amtsblätter veröffentlichten Bekanntmachung des unterzeichneten Finanz-Ministers vom 2. Dez. v. J. bestimmt (s. oben sub 1. c).

Ew. ꝛc. ersuchen wir ergebenst, die in Ihrem Verwaltungsbezirke auf Grund des Gesetzes vom 9. März d. J. zu bestellenden Standesbeamten rechtzeitig auf die ihnen hiernach obliegenden Verpflichtungen aufmerksam zu machen, auch ihnen dabei die sorgfältige Ausfüllung des vorgeschriebenen Todtenlistenformulars noch besonders anzuempfehlen, damit hierdurch zeitraubende Erörterungen und Rückfragen vermieden werden.

Die erforderlichen Formulare zu den Todtenlisten sind den Standesbeamten von den Bezirksregierungen in gleicher Weise, wie bisher den Geistlichen u. s. w., fortdauernd nach Bedarf zuzustellen.

Bei künftigem Neudruck des Todtenlistenformulars (s. oben sub 2. b) ist der Vordruck auf der Titelseite dahin zu ändern, daß an Stelle der Bürgermeisterei, des Amtsbezirks, des Gerichtsbezirks, der Gemeinde (Parochie), nur der Standesamtsbezirk namhaft gemacht wird.

Wegen der Verrechnung der Kosten für die Beschaffung dieser Formulare verbleibt es bei den bisherigen Bestimmungen.

Die zuständigen Provinzial-Steuerbehörden müssen mit einem Verzeichniß sämmtlicher in der Provinz zu bestellenden Standesämter versehen werden, in welchem nach Anleitung der finanzministeriellen Bekanntmachung vom 2. Dezember v. J. anzugeben ist, zu welchem Erbschaftssteuer-Amts-Bezirk die einzelnen Standesämter gehören. Auch ist es erforderlich, daß von eintretender Veränderung in der Zahl der Standesämter und in der Person der Standesbeamten diesen Behörden ungesäumt Mittheilung gemacht wird. Für Berlin würde dieses Verzeichniß, bezw. die Benachrichtigung Seitens des Magistrats, dem hiesigen Erbschaftssteuer-Amte zuzustellen sein.

Ew. ꝛc. ersuchen wir ergebenst hiernach das Weitere gefälligst anordnen zu wollen. R. des FM. u. des M. d. J. v. 15. Aug. 1874 an sämmt. Ober-Präs. (CB. S. 209, MB. S. 243).

5. In dem mir von dem Herrn Finanzminister mitgetheilten, mit sämmtlichen Anlagen hier beigefügten Berichte vom 16. Juni d. J. hat der Königl.-Provinzial-Steuer-Direktor daselbst vorgetragen, daß die dortige Polizei-Direktion in verschiedenen Fällen es prinzipiell abgelehnt hat, den für erforderlich erachteten Requisitionen des Königlichen Erbschaftssteuer-Amtes daselbst um Feststellung der Erben und Vermögensverhältnisse gewisser verstorbener Personen nachzukommen, und daß die ꝛc. (Königl. Regierung) diese Weigerung für im Allgemeinen gerechtfertigt erachtet. Mit seinem weiteren, ebenfalls hier angeschlossenen Berichte an den Herrn Finanzminister vom 5. v. M. hat der genannte Königl. Provinzial-Steuer-Direktor die betreffenden Requisitionen vorgelegt. In Uebereinstimmung mit dem Herrn Finanz-Minister kann ich die prinzipielle Ablehnung der in Rede stehenden Requisitionen der Königlichen Erbschaftssteuerbehörde Seitens der dortigen Polizei-Direktion nicht für gerechtfertigt erachten. Wenn auch nach §. 29 des Gesetzes vom 30. Mai 1873 und nach dem Cirkular-Reskript der Minister der Finanzen, des Innern und der geistlichen, Unterrichts- und Medizinal-Angelegenheiten vom 3. Dezember dess. J. (MB. 1874 S. 24 — s. oben sub 2) in erster Linie die nach dem vorgeschriebenen Formular zu führenden Todtenlisten der Ermittelung der steuerpflichtigen Erbschaftsfälle zu Grunde zu legen sind, und wenn ferner auch die Deklaration der steuerpflichtigen Anfälle und etwaige Vervollständigung der betreffenden Angaben nach §§. 33 ff. des Gesetzes vom 30. Mai 1873 von den dort bezeichneten Erbes-Interessenten zu fordern sind, so muß doch anerkannt werden, daß Fälle vorkommen, in welchen die Königlichen Erbschaftssteuer-Aemter auf keinem der vorbezeichneten Wege sich in den Besitz der erforderlichen, das weitere selbstständige Vorgehen der Steuerbehörde ermöglichenden Notizen setzen können. Insbesondere stehen den mit der Anfertigung der Todtenlisten beauftragten Geistlichen zum Zwecke der Ausfüllung der zur Ermittelung der steuerpflichtigen Erbschaftsfälle dienlichen Kolonnen 8 bis 13 keine geeigneten Mittel zu Gebote, wenn die Hinterbliebenen Verstorbener ihnen unbekannt oder nicht erreichbar sind, oder wenn dieselben die nöthige Auskunftsertheilung verweigern. In solchen Fällen bleibt den Königlichen Erbschaftssteuer-Aemtern nichts

Anderes übrig, als auf die Polizeibehörden als diejenigen Behörden zurückzugehen, welche zu solcher Ermittelung an sich geeignet und zur Unterstützung der Behörden in der Wahrung staatlicher Interessen mit den ihnen zu Gebote stehenden Mitteln auch kompetent sind. Indem ich mich hiernach im Prinzip mit der Entscheidung der Königlichen Regierung vom 11. Juni d. J., durch welche dieselbe der Auffassung der dortigen Polizei-Direktion beigetreten ist, nicht einverstanden erklären kann, bemerke ich doch andererseits, daß die Königlichen Erbschaftssteuer-Aemter eine Mitwirkung der Polizeibehörden nur da zu beanspruchen haben werden, wo ihre eigenen Mittel zur Feststellung der Steueranfälle erschöpft sind, oder ihnen von vornherein keine solche Mittel offenstehen. Was ferner die Ausführung der Seitens der Königlichen Erbschaftssteuer-Aemter an die Polizeibehörden zu fraglichem Zwecke zu richtenden Requisitionen betrifft, so werden die Polizeibehörden, soweit es auf die Ermittelung von Erben (Kolonne 8 bis 12 der Todtenliste) ankommt, sich auf die Erkundigung im Polizeibezirke zu beschränken, weitere Ermittelungen aber, sowie die Verfolgung der nach auswärts führenden Spuren der Erben der Steuerbehörde zu überlassen haben. Soweit es sich ferner um die summarische Angabe des bekannten Immobiliar- und Mobiliar-Nachlasses (Kolonne 13 der Todtenliste) handelt, wird eben nur eine summarische Angabe und eine Angabe bekannter Thatsachen verlangt. Die requirirten Polizeibehörden werden daher für den vorliegenden Zweck eines näheren Eingehens auf die Vermögensverhältnisse des Verstorbenen sich zu enthalten haben, und es ist demgemäß nicht zu befürchten, daß dieselben sich Beschwerden über Einmischung in die Vermögensverhältnisse der einzelnen Familien aussetzen werden.

Wird in dieser Weise die Erledigung der Requisitionen der Königlichen Erbschaftssteuer-Aemter auf das Nothwendige beschränkt, so läßt sich auch nicht annehmen, daß die Polizeibehörden durch die diesfälligen Geschäfte übermäßig werden belastet werden.

Die Königliche Regierung wird veranlaßt, die dortige Polizei-Direktion zur Erledigung der Requisitionen des dortigen Königlichen Erbschaftssteuer-Amts nach Maßgabe der vorstehenden Bemerkungen anzuweisen und wie dies geschehen, bei Wiedereinreichung der Anlagen anzuzeigen. R. des M. d. J. v. 12. Sept. 1874 (MB. S. 260, CB. 1875 S. 20).

III.

Anmerkungen zum Erbschaftssteuergesetz u. Tarif v. 30. Mai 1873.

[mit besonderer Berücksichtigung der Motive zum Gesetz-Entwurf (Reichs- u. Staats-Anzeiger v. 1872 Nr. 281 Beilage 2 und 3) und der Landtags-Verhandlungen v. 1872/73]

A. Zu §. 1 Nr. 1 des Gesetzes.

1. In den Motiven zum Gesetz-Entwurf heißt es: „Wenn schon bisher die remuneratorischen Schenkungen von Todeswegen als besondere Art der, der Erbschaftssteuer unterworfenen Schenkungen ausdrücklich erwähnt waren, so hat sich das Bedürfniß herausgestellt, zur Vermeidung wahrgenommener Zweifel auch noch der mit einer Auflage belasteten (donatio sub modo) und der durch unentgeltliche Entsagung bewirkten Schenkungen zu gedenken". Nach dem Beschluß der Kommission des Hauses der Abgeordneten sind jedoch die im Gesetz-Entwurf §. 1 Nr. 1 vor dem letzten Worte „Schenkungen" befindlichen Worte: „oder durch unentgeltliche Entsagung bewirkten" gestrichen, weil diese Worte kasuistisch seien, und, wenngleich zur Beseitigung von Zweifeln bestimmt, gerade zu neuen Zweifeln Veranlassung geben könnten; ob in einer Entsagung eine Schenkung liege, müsse im konkreten Falle nach den Umständen beurtheilt werden.

2. Von der Nachforderung des Schenkungs-Stempels zur Urkunde vom 7. Mai 1842 ist abzustehen, indem darin keine Schenkung unter Lebenden, sondern eine Schenkung von Todeswegen angeordnet worden ist. Erst nach dem Ableben der unverehelichten L. wird sich der Werth des Geschenks, welches in deren nachgelassenem Vermögen bestehen soll, feststellen lassen. Beträgt dieser

Werth 50 Thaler oder mehr, so wird die Bittstellerin (Geschenknehmerin) davon den Erbschaftsstempel zu entrichten haben. FMR. v. 8. Dez. 1846 III 24917 an d. Reg. in F.

3. Remuneratorische letztwillige Zuwendungen (vergl. auch unten Anm. 8. a—c):

a. Die Ihren vier Töchtern ausgesetzten Vermächtnisse von je 100 Thalern sind nach Lage des Testaments eine Vergeltung für gewährte und aufgetragene Dienstleistungen, insbesondere „für die dem Erblasser und seiner verstorbenen Ehefrau von jeder der Töchter, der Reihe nach, treu geleistete Pflege, für die ihnen gebrachten mancherlei Opfer und für die ihm bis an sein Lebensende zu leistenden Dienste". Hiernach sind diese Vermächtnisse belohnende Schenkungen, welche nach der Position „Erbschaften" im Tarif zum Stempelgesetz vom 7. März 1822 der Erbschaftssteuer unterliegen. FMR. v. 27. März 1862 III 6396 an d. S. und zur Nachricht an d. PStD. in S.

b. Wenn auch nach Inhalt des Berichts der Königl. Regierung vom 2c. nicht bezweifelt wird, daß die Wittwe B. ihrer verstorbenen Schwester bei deren Lebzeiten Unterstützungen in erheblichem Umfange hat zufließen lassen, so kann doch bei dem Mangel einer diesfälligen besonderen rechtsverbindlichen Abrede die B. dafür aus dem Nachlasse, dessen Erbin sie geworden ist, Vergütigung nicht fordern, hat sich vielmehr wegen der gewährten Unterstützungen durch die Erbeseinsetzung um so mehr für abgefunden anzusehen, als auch remuneratorische Schenkungen nach dem Stempel-Tarif dem Stempel für Erbschaften unterliegen. Hiernach ist für die tarifmäßige Erbschaftsstempelberichtigung unter Zugrundelegung eines vollständigen Nachlaß-Inventars Sorge zu tragen. FMR. v. 26. Juli 1860 III 16161 an d. Reg. in F.

c. Da der Unterhalt der unverehelichten D. ohne einen zum Grunde liegenden Verpflegungs-Kontrakt und ohne einen Vorbehalt wegen dafür zu leistender Zahlung gewährt worden, so läßt sich nur annehmen, entweder, daß die Unterhaltene als Arme betrachtet worden, oder daß die Leistung in der Absicht geschehen, dereinst ihren Nachlaß zu gewinnen. Im ersteren Falle ist der Unterhalt nach §. 1043 Tit. 11 Th. 1 des ALR's als geschenkt anzusehen, im letzteren Falle liegt in dem Testamente der unverehelichten D. eine remuneratorische Schenkung, die auch Ihr Ehemann anerkennen muß, weil er durch den ihm zukommenden Nießbrauch von der Erbschaft Vortheil erlangt hat. Ein rechtlicher Grund zur Gestattung eines Abzugs auf Grund der von Ihrem Ehemanne eingereichten Unterhaltungskosten-Liquidation ist also nicht vorhanden 2c. FMR. v. 1. Februar 1840 III 1394 an d. Frau W. und zur Nachricht an d. Reg. in F.

4. Wegen des in letztwilligen Verordnungen erklärten Anerkenntnisses gemachter Zuwendungen s. unten sub D Anm. 5. c.

B. Zu §. 1 Nr. 3 des Gesetzes.

In den Motiven zum Gesetz-Entwurf heißt es: „Nach Nr. 3 sollen ferner die Hebungen aus Familien-Stiftungen unter den näher bezeichneten Voraussetzungen der Erbschaftssteuer unterworfen werden. Familienstiftungen unterliegen nach den Gesetzen über den Urkunden-Stempel demselben Werth-Stempel von 3 Prozent des Betrages der zur Stiftung gewidmeten Gegenstände, welchem Fideikommiß-Stiftungen unterworfen sind. Während aber bei Familien-Fideikommissen der zum Besitz und Genuß des Fideikommisses Berufene nach Maßgabe seiner Bereicherung die Erbschaftssteuer zu entrichten hat, bleibt bei Familienstiftungen der in den Genuß der Hebungen aus der Stiftung Eintretende von jeder Erbschaftsabgabe befreit. Es versteht sich von selbst, daß die Beseitigung dieser Verschiedenheit nicht in Frage kommen kann bei allen denjenigen Familienstiftungen, bei welchen der Genuß der Hebungen aus der Stiftung nicht durch einen Todesfall bedingt und nicht vermöge einer bestimmten Successionsordnung erworben wird, weil es alsdann an den nöthigen Voraussetzungen der Erbschaftsbesteuerung gänzlich fehlt, wie dies in der Regel bei den Stipendienstiftungen, den Stiftungen zur Ausstattung heirathender Familienmitglieder, zu Unterstützungen und zu ähnlichen Zwecken der Fall ist. Wenn dagegen die bezeichneten Voraussetzungen zutreffen, wenn also z. B. Grundstücke oder Kapitalien zu einer Familienstiftung bestimmt und die Familienmitglieder in feststehender Successionsordnung zum Genuß der Nutzungen des Stiftungsvermögens berufen worden sind, so besteht zwischen dem Anfall der Hebungen aus einer solchen Stiftung und einem Fideikommißanfall kein solcher Unterschied, daß es gerechtfertigt sein könnte, eine gänzlich verschiedene Behandlung in Bezug auf die Besteuerung eintreten zu lassen ꝛc."

C. Zu §. 2 Absatz 1 des Gesetzes.

In Beziehung auf den Werth-Stempel zu Familien- nnd Fideikommißstiftungen vergl. S. 371 des Komm. die Tarifposition „Fideikommißstiftungen" nebst Anm., S. 493 ff. Nr. 26, 27 u. S. 535 Nr. 25, 26.

D. Zu §. 4 des Gesetzes.

Die seitherigen gesetzlichen Bestimmungen über die Versteuerung von Schenkungen unter Lebenden s. S. 366 des Komm. bei der Tarifposition „Erbschaften", sowie S. 493 Nr. 18 u. S. 534 Nr. 17.

5. a. Der §. 4 Absatz 1 des Gesetzes weicht vom Gesetz-Entwurf (in welchem er der §. 3 ist) ab; letzterer enthält nämlich hinter „belasteten" die Worte „und die durch unentgeltliche Entsagung bewirkten", sowie hinter „Beurkundung" die Worte „Bestätigung oder Anerkennung". Die Motive zu diesem Paragraph lauten: „Der Entwurf beläßt es in der Hauptsache bei der bisherigen Gleichstellung der von Schenkungen zu entrichtenden Stempelabgaben mit der von Vermächtnissen zu entrichtenden Erbschaftssteuer. Die vorgeschlagene Fassung soll zugleich die durch die bisherige Fassung des Stempeltarifes unter der Position „Erbschaften" („Schenkungen von Todes wegen und unter Lebendigen, sofern letztere durch schriftliche Willenserklärungen erfolgen") hervorgerufenen Zweifel erledigen. Das Gesetz kann keinen Unterschied in Betreff der Steuerpflichtigkeit der Schenkung zulassen, je nachdem die letztere im strengsten Sinne durch schriftliche Willenserklärung erfolgt, d. h. der Akt der Schenkung in der betreffenden Urkunde als gegenwärtiger behandelt und vollzogen wird, oder aber als ein bereits mündlich erklärter und vollzogener schriftlich beurkundet, bestätigt oder anerkannt wird. Eine derartige Unterscheidung würde zur Folge haben, daß der Schenkungsstempel nur noch ausnahmsweise und von Geschäftsunkundigen entrichtet werden würde. Da gleichwohl jene strikteste Auslegung des Wortlautes der angeführten Gesetzesstelle gelegentlich Eingang gefunden hat, so hat auf eine deutlichere Fassung Bedacht genommen werden müssen ꝛc. Durch den Schlußsatz werden die Zweifel beseitigt, wie weit sich die Anwendbarkeit der für die Erbschaftssteuer geltenden Grundsätze auf Schenkungen erstrecke, ob also z. B. der Werthstempel von dem Schenker oder dem Beschenkten zu fordern sei. Es ist in Uebereinstimmung mit dem auch bisher schon in der Regel von der Praxis angewandten Grundsatze ausgesprochen, daß die Vorschriften über den Urkundenstempel maßgebend sein müssen, insoweit es sich nicht um Werthsermittelung und die Bestimmung des Betrages des zur Schenkungs-Urkunde erforderlichen Werthstempels handelt. Namentlich muß es auch hinsichtlich der Versteuerung bedingter Schenkungen bis zur anderweiten Regelung des Urkundenstempels bei den bestehenden Grundsätzen bewenden". Nach dem Beschlusse der Kommission des Hauses der Abgeordneten sind jedoch jene beiderlei Worte als kasuistisch und zu neuen Zweifeln Veranlassung gebend gestrichen, nachdem der Reg.-Kommissarius erklärt hatte, daß sich das Wort „schriftlich" auch auf die „Bestätigung" und „Anerkennung" zu beziehen habe.

5. b. Schenkungen unter Lebendigen, insofern sie durch schriftliche Willenserklärungen erfolgen, unterliegen der Stempelabgabe, wie Erbschaften. Es ist hiernach die Form eines zweiseitigen schriftlichen Vertrages eben so wenig, wie eine schriftliche Acceptation des Beschenkten nöthig, um den Schenkungsstempel zu begründen, dieser vielmehr auch dann schon fällig, wenn die Schenkung nur in einer einseitigen schriftlichen Urkunde des Geschenkgebers erklärt ist, wobei Beglaubigung der Urkunde durch einen Richter oder Notar nicht erforderlich ist. FMR. v. 6. Aug. 1840 III 17969 (GK.).

Es ist auch ferner daran festzuhalten, daß nach den Positionen „Schenkungen" und „Erbschaften" im Tarif zum Stempelgesetze Schenkungen unter Lebenden dann dem Stempel unterliegen, wenn sie durch schriftliche Willenserklärungen erfolgen. Mit der gewählten Fassung hat der Gesetzgeber andeuten wollen, daß der Stempel von Schenkungen nicht, wie der von Erbschaften, lediglich auf dem Anfalle ruhe, also nicht auch von mündlichen und durch Uebergabe vollzogenen Schenkungen zu erfordern sei, und andererseits ergiebt die Zusammenstellung der schriftlichen und remuneratorischen Schenkungen, daß die Stempelpflichtigkeit von dem Vorhandensein schon einer blos schriftlichen Willenserklärung abhängt. FMR. v. 9. Jan. 1865 III 26303 an d. Reg. in F.

5. c. Die von dem Erblasser in seinem Testamente gebrauchten Worte: daß die Mutter seiner Enkelin, so lange sie unverheirathet bleibt, den Zinsgenuß von 6000 Thalern aus dem Vermögen ihrer Tochter habe, bekundet ohne Zweifel den Willen des Erblassers dahin, daß die Mutter dieser Enkelin — seine Schwiegertochter — diesen Zinsgenuß bis zu ihrer etwaigen Wiederverheirathung erhalten soll, ohne sich darüber auszusprechen, ob sie denselben erst in Folge dieses Testaments erlangt, oder ob ihr derselbe schon früher in Folge mündlicher Abrede mit dem Erblasser zugestanden habe. Im ersteren Falle ist die Willenserklärung als Legat, im letzteren aber als das schriftliche Anerkenntniß einer mündlich verabredeten Schenkung oder als Schenkungs-Urkunde aufzufassen. In allen diesen Fällen aber hat die Legataria oder Geschenknehmerin den Anfall mit 4 Prozent zu versteuern und es hätte von dieser Versteuerung nur dann abgesehen werden können, wenn der Stempel schon zu einer, dieselbe Zuwendung betreffenden Urkunde verwendet wäre. Da dies nicht der Fall ist, so muß es bei der Nachforderung des Stempels bewenden. FMR. v. 19. Juli 1862 III 15289 an d. Reg. in F.

Es ist nicht zu verkennen, daß durch das Kodizill, in welchem die Erblasserin erklärt: „daß sie die ganze Summe, in welcher ihre Hypotheken-Forderung von 31000 Thalern bei der Subhastation der verpfändeten Grundstücke zur Hebung gelangt sei, ihren drei Erbinnen geschenkt habe und baar zu gleichen Theilen unter sie vertheilt habe", eine Schenkung beurkundet wird. Die Tarif-Position „Erbschaften" fordert die Entrichtung des Stempels für Schenkungen, wenn letztere durch schriftliche Willenserklärungen erfolgen. Welche besonderen Gründe die Erblasserin sonst gehabt haben mag, die Schenkung schriftlich zu beurkunden, erhellet nicht; dieselben sind aber auch unerheblich, es genügt vielmehr das Vorhandensein des die Schenkung beurkundenden Schriftstücks. FMR. v. 8. Jan. 1868 III 24721 an d. Reg. in F. — Auf die Remonstration der Betheiligten gegen diese Entscheidung erging das FMR. v. 5. Mai 1868 III 7853, welches lautet: Die Position „Erbschaften" im Tarif zum Stempelgesetz vom 7. März 1822 macht die Forderung des Schenkungsstempels nur abhängig von dem Vorhandensein einer schriftlichen Willenserklärung. Es bedarf hiernach einer weiteren Widerlegung der Ausführungen nicht, welche darzuthun suchen, daß im vorliegenden Falle eine Annahme des Schenkungs-Vertrages nicht erfolgt sei 2c. Es liegt auf der Hand, daß, wenn durch die einer Willenserklärung gegebene Form einer sogenannten historischen Erwähnung die gesetzliche Steuer vermieden werden könnte, die Stempelsteuergesetzgebung illusorisch werden würde, und daß nur die Unkunde von Privatpersonen zuweilen noch zur vereinzelten Entrichtung der gesetzlichen Werthstempel veranlassen dürfte. Derartiges hat der Gesetzgeber zweifellos nicht gewollt und es hat demgemäß in anderer Veranlassung auch das Ober-Tribunal sich dahin ausgesprochen, daß, ohne Rücksicht auf den besonderen angeblichen nächsten Zweck ihrer Errichtung, eine Urkunde demjenigen Werthstempel unterliege, welchen das in seinen wesentlichen Erfordernissen darin dokumentirte Geschäft erfordere (vergl. S. 74 des Komm. Anm. 2, auch S. 379 Anm. 2). Hiernach kann im vorliegenden Falle kein Unterschied darin gefunden werden, ob die

Erblasserin zuerst die schriftliche Willenserklärung ausstellte und dann die geschenkte Summe übergab, oder ob sie umgekehrt erst die Uebergabe des mündlich Geschenkten vollzog und später das schriftliche Beweismittel für das durch Uebergabe vollzogene mündliche Schenkungsversprechen ausstellte. Bei der Forderung des Schenkungsstempels muß es demnach bewenden.

Gleichmäßig in einem ähnlichen Falle entschieden durch FMR. v. 27. April 1854 III 9164 an dieselbe Reg., welches noch bemerkt, daß, da es sich nicht um die Nachforderung eines Erbschafts-, sondern eines Schenkungsstempels handelt, letzterer von der Geschenknehmerin beizutreiben (vergl. unten Anm. 10. c), der Testaments-Exekutor aber außer Anspruch zu lassen. In diesem Falle lautete der betreffende Passus in dem Kodizill dahin: „Ich bemerke, daß ich meiner Köchin H. heute die ihr vermachten 900 Thaler durch einen ihr ausgehändigten Pfandbrief gegeben und ihr außerdem noch eine baare Summe von 300 Thalern geschenkt und gezahlt, auch ihr darüber eine Bescheinigung ertheilt habe, wie dies Alles auch der dabei zugegen gewesene Rechtsanwalt K. weiß".

6. Schriftlich erklärte Schenkungen unterliegen, da der Stempel auf der Urkunde ruht, auch dann der sofortigen Erhebung des Stempels, wenn die dem Beschenkten zugewendeten Vortheile demselben erst nach dem Tode eines Dritten zufallen sollen. FMR. v. 30. Dez. 1865 III 25879 an d. Reg. in F.; die Schenkung bestand in der Gewährung von Naturalien im Jahreswerth von je 40 Thalern auf die Lebenszeit der beiden Geschenknehmerinnen, falls sie ihre Ehemänner überleben und sich nicht wieder verheirathen, und es ist von dem 12½fachen Betrage der 40 Thaler — s. §. 4. c des Stempelges. v. 7. März 1822 — der Schenkungsstempel zu je 8 Prozent erfordert worden.

7. a. Schenkungen unter Lebendigen sind überhaupt nur stempelpflichtig, insofern eine schriftliche Urkunde darüber aufgenommen wird; in diesem Falle aber ist, wie bei allen Verträgen, der Stempel zu der Urkunde selbst zu verwenden; sie sind also nicht in die Erbschaftsstempel-Tabelle aufzunehmen. FMR. v. 8. Sept. 1826 III 16674 an d. PStD. in D. (SK.).

7. b. Bei Schenkungen unter Lebenden ist die Schenkungs-Urkunde stempelpflichtig. Es kommen daher wegen Entrichtung der Stempelsteuer durch Verbrauch des tarifmäßigen Stempels zur Urkunde, resp. durch Nachbringung desselben innerhalb 14 Tagen nach Ausstellung der Urkunde, der §. 12 des Stempelgesetzes vom 7. März 1822, und wegen Entrichtung der durch die Kontravention verwirkten Stempelstrafe die §§. 21, 22 zur Anwendung. Die Vorschriften der §§. 16—18 ibid., wegen Erhebung und Kontrolirung des Erbschaftsstempels, und des §. 25 ibid., wegen der durch unterlassene Anmeldung einer angefallenen stempelpflichtigen Erbschaft, Vermächtnisses oder Schenkung innerhalb der im §. 17 bestimmten Frist verwirkten Stempelstrafe des doppelten Betrages des Erbschaftsstempels, können auf Schenkungen unter Lebenden, und auf die über solche Schenkungen ausgestellten Urkunden nicht angewendet werden. Erk. des OT. (III) v. 15. Okt. 1839 (Präj. des OT. S. 344).

8. Remuneratorische Schenkungen (vergl. oben Anm. 3. a—c):

a. Die Verhandlung vom 27. Okt. pr. enthält keinen Leibrenten-Vertrag, sondern eine remuneratorische Schenkung, indem Ihnen und Ihrem zweiten Sohne von dem früheren Gutsbesitzer D. 18000 Thaler, bestehend aus zwei Forderungen von resp. 17700 und 300 Thalern, als Belohnung für Pflege, Unterhalt und Wartung cedirt worden sind (§. 1169 Tit. 11 Th. 1 des Allg. Landrechts). Da der Stempeltarif belohnende Schenkungen derselben Stempelabgabe wie die aus bloßer Freigebigkeit erfolgenden Schenkungen unterwirft, so ist der von dem dortigen Land- und Stadtgerichte geforderte Stempel zu 8 Prozent von 1440 Thalern begründet. FMR. v. 26. Jan. 1841 III 1512 an d. H. und zur Nachricht an d. Reg. in F.; §. 1169 a. a. O. bestimmt: Wird durch eine Schenkung eine löbliche Handlung, oder ein geleisteter wichtiger Dienst vergolten, so heißt solches ein belohnendes Geschenk.

b. Die Verhandlung vom 27. Januar 1843 enthält keine Cession, sondern eine remuneratorische Schenkung. Cession ist nach §. 376 Tit. 11 Th. 1 des Allg. Landrechts Abtretung des Eigenthums eines Rechts gegen eine bestimmte Vergeltung. Ihrer Ehefrau ist aber ein Kapitalvermögen von 500 Thalern von der Wittwe S. nicht gegen eine bestimmte Vergeltung, sondern, wie in der Verhandlung gesagt ist, für die derselben von Ihrer Ehefrau seit Jahren zu Theil gewordene Verpflegung übereignet worden, mithin nach §. 1169 ebendaselbst eine belohnende Schenkung vorhanden, wobei es auf den Umstand, daß das Rechtsgeschäft nicht Schenkung, sondern Cession genannt ist, eben so wenig ankommt, als es im entgegengesetzten Falle von Bedeutung sein würde, wenn eine wirkliche Cession als Schenkung bezeichnet worden wäre. Belohnende Schenkungen stellt aber die Tarifposition „Erbschaften" zum Stempelgesetze vom 7. März 1822 den Schenkungen in Ansehung der Versteuerung gleich und sonach ist die Forderung des Schenkungsstempels zur Verhandlung vom 27. Januar 1843 gerechtfertigt. FMR. v. 18. März 1846 III 5441 an d. R. u. nachrichtlich an d. Reg. in F.

c. In dem Vertrage vom 4. August 1834 schenkt Ihnen die Wittwe K. mittelst Cession ein Kapital von 300 Thalern, ferner ihr Mobiliar und Ihrer Tochter Betten nebst Zubehör. Für diesen Vertrag ist der Schenkungsstempel fällig. Der Umstand, daß geleistete Dienste Bewegungsgrund der Schenkung sind, entbindet davon nicht, da das Stempelgesetz ausdrücklich remuneratorische Schenkungen dem Schenkungsstempel unterwirft. Daß die Wittwe K. sich die Zahlung von 10 Thalern jährlich ausbedungen, würde nur dann eine Verminderung des Stempels zum Erfolg haben können, wenn anzuerkennen wäre, daß hierdurch der Werth des Geschenks wesentlich verringert würde, was aber bei dem 75 jährigen Alter der Geschenkgeberin, und da sie die Zahlung der 10 Thaler nicht unbedingt, sondern nur nach Verlangen sich ausbedungen hat, nicht der Fall ist. Der nachgesuchte Erlaß des Stempels hat hiernach nicht erfolgen können. FMR. v. 4. März 1837 III 4977 an d. S., u. zur Nachricht an d. Reg. in F. mit dem Bemerken, daß an dem Grundsatz: daß eine unentgeltliche, durch geleistete Dienste motivirte Cession eines Kapitals als Schenkung anzusehen und zu versteuern, festzuhalten sei.

9. Schenkungen zum Zweck resp. bei Gelegenheit einer ehelichen Verbindung des Geschenknehmers:

a. Auch wenn ein Fremder unter der Bedingung oder zum Zweck einer zu schließenden Ehe einem oder dem anderen der künftigen Eheleute etwas in rechtsgültiger Form versprochen hat, soll ein solcher Vertrag nach §. 1048 Tit. 11 Th. 1 ALR. einem lästigen gleich geachtet, und zu einem solchen Abkommen kein Schenkungsstempel genommen werden. FMR. v. 6. Dez. 1845 III 25567 (GK).

b. Der notarielle Vertrag vom 7. Januar 1828, wonach der Braueigen D. seiner damaligen Braut das Recht eingeräumt hat, sich, sobald die Ehe vollzogen worden, als Miteigenthümerin seines Hauses in das Hypothekenbuch eintragen zu lassen, kann mit Rücksicht auf die Bestimmung im §. 1048 Tit. 11 Th. 1 des Allg. Landrechts als Schenkung nicht angesehen werden. Es genügt der zu diesem Vertrage verwendete Stempel von 15 Sgr. FMR. v. 4. März 1837 III 2448 an d. Reg. in F.

c. Diejenigen 300 Thaler, welche im Kaufkontrakte vom 24. Juli 1835 vom Verkäufer, Mühlenmeister F., Ihrer Ehefrau als Mitgabe zum ehelichen Einbringen überwiesen sind, können nur als ein Geschenk für Ihre Ehefrau angesehen werden, und unterliegen deshalb beim Mangel eines zur Anwendung eines geringeren Prozentsatzes berechtigenden Verwandschaftsverhältnisses zwischen Ihrer Ehefrau und dem Verkäufer dem Stempel zu 8 Prozent. Ihr Einwand, daß nach den §§. 1046 und 1047 Tit. 11 Th. 1 des Allg. Landrechts die Ueberweisung dieser 300 Thaler wegen des dabei angegebenen Zweckes als Schenkung nicht angesehen werden könne, vielmehr als einem lästigen Vertrage angehörig gelten müsse, ist um deshalb unerheblich, weil Ihre Ehefrau, als uneheliche Tochter der Ehefrau des Verkäufers vor der Eingehung der Ehe des Letzteren geboren und aus dem Umgange mit einem anderen Manne herstammend, einen Anspruch auf Ausstattung an den Verkäufer in keiner Art gehabt hat, und auch beim Abschluß des erwähnten Kaufkontraktes schon verheirathet war, so daß der §. 1048 ibidem gleichfalls nicht Platz greifen kann. FMR. v. 16. April 1842 III 8269 an d. H. u. zur Nachricht an d. Reg. in F.

d. Das Versprechen des M. in der notariellen Verhandlung, seiner Schwester, sobald dieselbe sich verheirathen würde, eine Mitgift von 1500 Thalern zu geben, ist als Schenkung zu versteuern. Dem Bruder liegt keine gesetzliche Verpflichtung ob, seine Schwester auszustatten; die §§. 1046, 1047 Tit. 11 Th. 1 ALR. finden daher keine Anwendung, und da auch in dem vorliegenden Vertrage eine zu schließende Ehe nicht in Aussicht gestellt worden, noch weniger die beschenkte Schwester sich dem Geschenkgeber gegenüber verpflichtet hat, eine Ehe einzugehen, so liegen auch die Voraussetzungen des §. 1048 a. a. O. nicht vor, vielmehr greift der §. 1049 a. a. O. Platz, wonach dasjenige, was nur bei Gelegenheit einer Eheverbindung versprochen worden, wenn dabei eine bloße Freigebigkeit zum Grunde liegt, die Natur einer Schenkung hat. Die Natur des Schenkungs-Vertrages wird aber dadurch nicht geändert, daß dessen Gültigkeit von dem Eintreten eines ungewissen Ereignisses abhängig gemacht worden. FMR. v. 18. Mai 1861 III 10671 an d. Reg. in F., im Einverst. des JM.

e. Auf den Bericht vom rc. wird Ew. rc. erwidert, wie die Voraussetzung, daß nach §. 1048 ALR. Tit. 11 Th. 1 zu der Urkunde, auf welche sich die Anfrage des Notars N. bezieht, der Schenkungsstempel n i c h t erforderlich sein würde, soweit sich ohne Vorlegung der Urkunde selbst übersehen läßt, nicht für zutreffend erachtet werden kann [in einer Note zu diesem FMR. wird bemerkt: es handelt sich nach der Angabe des Notars darum, daß Jemand, ohne dazu verpflichtet zu sein und ohne eine Gegenleistung zu erhalten, seiner Schwägerin eine Rente verschreiben wollte, um bei deren Verheirathung mit einem Offizier Sicherheit für den Lebensunterhalt des künftigen Ehepaars, so lange und soweit dies gesetzlich erforderlich sei, zu leisten]. Nach der Rechtsprechung des Königl. Obertribunals liegt es im Begriffe des im §. 1048 l. c. vorausgesetzten lästigen Vertrages, daß das unter der Bedingung oder zum Zwecke einer zu schließenden Ehe Versprochene einerseits, und die Schließung der Ehe andererseits, sich als Leistung und Gegenleistung darstellen müssen — vergl. Erk. v. 16. Nov. 1866, Striethorst Archiv Bd. 66 S. 161 [ebenso hat inzwischen auch ein Erk. des OTrib. v. 24. März 1873, Str.A.B. 88 S. 332, entschieden]. Inwiefern diesen Erfordernissen entsprochen ist, muß im einzelnen Falle nach den obwaltenden Umständen ermessen werden. Nach demjenigen, was der Notar N. über das beabsichtigte Geschäft angeführt hat, kann nicht angenommen werden, daß die zu verschreibende Rente, und die intendirte Verheirathung der Schwägerin des Gebers mit einem Offizier, in dem Verhältniß von Leistung und Gegenleistung zu einander stehen. Der von dem Königl. Ober-Tribunal festgestellten strengeren Auslegung des §. 1048 l. c., auch in Betreff der Stempelsteuer, zu folgen, waltet kein Bedenken ob.

Hiernach und weil nach §. 1049 a. a. O. dasjenige die Natur einer Schenkung hat, „w a s n u r b e i G e l e g e n h e i t e i n e r E h e v e r b i n d u n g v e r s p r o c h e n w o r d e n, w e n n d a b e i e i n e b l o ß e F r e i g e b i g k e i t z u G r u n d e l i e g t“, unterscheidet sich das Allg. Landrecht nicht so wesentlich von dem Gemeinen Rechte, welches letztere eine dem §. 1048 a. a. O. analoge allgemeine Bestimmung nicht hat. Im Uebrigen ist zwar, wie auch der I. Senat des hies. Kgl. Oberappellationsgerichts in seinem Erkenntnisse vom 15. Februar d. J. (in Sachen Nathan c/a fiscum) anerkennt, die Steuerverwaltung berechtigt, im Gebiete des Gemeinen Rechts auch in Fällen des §. 1048 l. c., in seiner vorgedachten Beschränkung, den Schenkungsstempel zu erfordern. Ich bin aber damit einverstanden, daß die überwiegende Rücksicht auf die Gleichmäßigkeit der Besteuerung der Staatsbürger desselben Staates es nothwendig macht, auch im Gebiete des Gemeinen Rechtes von der Forderung des Schenkungsstempels da abzusehen, wo derselbe im

Gebiete des Allg. Landrechts unter der mehrerwähnten Voraussetzung nicht würde gefordert werden können. Der Umstand, daß der Notar in den von ihm erwähnten beiden Verfügungen vom 6. Dez. 1845 und vom 18. Mai 1861 (Hoyer [1. Auflage B. 1] S. 360 Anm. 8. a und 8. b — s. oben sub a u. d) einen gewissen Widerspruch zu finden scheint, ergiebt, daß im Gebiete des Gemeinen Rechtes auf das Beachten des Unterschiedes besonders hinzuwirken sein wird. Die beiden Verfügungen enthalten eben nur Beispiele je für die verschiedenen Fälle der §§. 1048 und 1049 a. a. O.

Was die weitere Frage anlangt, welch' anderweiter Stempel in Stelle des Schenkungsstempels gelegentlich eventuell zu erheben sein werde, so läßt sich dieserhalb etwas allgemein Maßgebendes nicht von vornherein bestimmen. Wenn das Versprechen in einer einseitigen Urkunde abgegeben wird, und in einem Kapitale besteht, so wird unter Umständen ein Schuldverschreibungs- oder ein Quittungsstempel in Frage kommen können; wird — in einer einseitigen Urkunde — die Zahlung einer Rente versprochen, so ist die Forderung eines Schuldverschreibungsstempels nicht unzweifelhaft, es ist aber solchen Falles auch diesseits schon dieser Stempel für erforderlich erachtet worden. Wird dagegen die Rente in einem zweiseitigen Vertrage konstituirt, so wird, auch wenn die Rente nicht auf Lebens-, sondern auf andere unbestimmte Zeit (cf. §. 2. c der Verordnung vom 7. August 1867, §. 4. c des Stempelgesetzes vom 7. März 1822) gezahlt werden soll, der Werthstempel für einen Leibrentenvertrag erhoben werden müssen.

Ew. ꝛc. wollen nach den angedeuteten Grundsätzen verfahren lassen. FMR. v. 3. Mai 1872 an d. PStD. in Glückstadt (CB. S. 228).

10. Entsagungen resp. Verzichtleistungen:

a. Die angezogene Entscheidung des Ober-Tribunals (s. am Schluß) wird nicht richtig aufgefaßt, wenn daraus gefolgert wird, daß unentgeltliche schriftliche Entsagungen bereits erworbener Rechte nicht als Schenkungen zu versteuern seien. Jene Entscheidung hat vielmehr offenbar nur den Sinn, daß, während nach dem ALR. Schenkungen zu ihrer vollen rechtsverbindlichen Gültigkeit an gewisse im Gesetz bestimmte Formen gebunden sind, diese Formen bei Entsagungen bereits erworbener Rechte nicht beobachtet zu werden brauchen, wiewohl solche Entsagungen in ihren Wirkungen den Schenkungen gleich stehen. Es unterliegt daher auch eine nicht gerichtliche Entsagungs-Urkunde wegen bereits erworbener Rechte der Versteuerung, wie eine Schenkungs-Urkunde. FMR. v. 22. Jan. 1851 (nicht „1831", wie in SK.) III 63 an d. Notar T. u. an d. PStD. in S.; die vorgedachte Entscheidung des OTrib. ist dessen Plenar-Beschluß v. 24. Febr. 1840 (JMB. S. 295, Entsch. B. 5 S. 261): Unentgeltliche Entsagungen eines bereits erworbenen, ingleichen eines zwar noch künftigen, aber doch so beschaffenen Rechts, daß der Anfall desselben dem Entsagenden gewiß war, sind nur in Rücksicht auf ihre rechtlichen Wirkungen, nicht aber in Rücksicht auf ihre Form den Schenkungen gleich zu achten. Ebenso Erk. des OTrib. (IV) v. 14. Mai 1847 (Rechtsfälle des OT. B. 1 S. 126).

b. Wenn gleich es den Anschein hat, als ob bei dem Erlaß von 250 Thalern der hypothekarisch eingetragenen Forderung von 4400 Thalern die Gläubiger mehr ihr eigenes Interesse, als das des Schuldners im Auge gehabt haben, so genügt dies doch nicht, um die Verhandlung für einen „Vergleich" zu erachten, indem es sich bei jenem Erlaß weder um ein streitiges oder zweifelhaftes Recht des Gläubigers handelt, noch die von dem Schuldner angebotenen Zahlungstermine als eine Gegenleistung für den bewilligten Erlaß im Sinne des §. 405 Tit. 16 Th. 1 ALR. angesehen werden können. Der Verzicht der Gläubiger auf die 250 Thaler hat vielmehr die Natur einer Schenkung. JMR. v. 4. Nov. 1852 I 4844 an d. Appell.-G. in Mr, mitgetheilt durch FMR. v. 10. dess. M. III 27009 an d. PStD. in D.

c. Der notarielle Vertrag, in welchem der Gläubiger eine für ihn eingetragene Forderung von 300 Thalern nebst Zinsen dem Schuldner erläßt, enthält eine Schenkung. Der Werthstempel für eine Schenkung ist demnach mit Recht nachgefordert. Daß der Stempel nicht von dem Geschenknehmer erfordert worden, ist nach Lage der Gesetzgebung nicht ungerechtfertigt. Es steht der Steuerverwaltung das Recht zu, auch den Schenkungsstempel, als eine auf der Urkunde ruhende Steuer, von dem Geschenkgeber einzuziehen. FMR. v. 28. Jan. 1869 III 1213 an d. Reg. in F. Vergl. S. 215 ff. des Komm. Anm. 9. a—d, auch oben Anm. 5. c Schlußabsatz.

d. In der notariellen Verhandlung v. ꝛc., deren Inhalt für die Beurtheilung ihrer Stempelpflichtigkeit allein entscheidend ist, haben Sie Ihre Hypothekenforderungen von je 300 Thalern nebst Zinsen Ihrem Schuldner erlassen. Dieser unentgeltliche Erlaß Ihrer Forderungen ist gesetzlich einer Schenkung gleich zu achten und deshalb der Schenkungsstempel mit Recht erfordert. Die Gründe, welche Sie zu diesem Erlaß bestimmt haben mögen, kommen nicht in Betracht; insbesondere kann auch keine Rücksicht darauf genommen werden, daß der Schuldner, wie Sie behaupten, in Konkurs verfallen und daß deshalb die Forderungen werthlos seien. Für den Schuldner, welcher in Höhe von 600 Thalern nebst Zinsen befreit worden, hatten die Forderungen den angegebenen Werth. FMR. v. 2. Dez. 1873 III 17137 an d. Kaufleute A. u. J. W. u. d. Reg. in F.

e. Hätte der M. in der monirten Verhandlung vom 19. Juli 1838 dem L. auf eine ihm zustehende Forderung von 800 Thalern die Summe von 300 Thalern unentgeltlich erlassen, so würde die Erforderlichkeit des Schenkungsstempels nach §. 393 Tit. 16 Th. 1 ALR. keinem Bedenken unterliegen können. Die Verhandlung enthält aber keinen durchaus unentgeltlichen Erlaß, indem sich die Ehefrau des L. darin zugleich für den Rest der Schuld verbürgt, M. also dadurch eine größere Sicherheit, als er bisher hatte, erhalten hat, und beiderlei Geschäfte, Erlaß und Bürgschaft, offenbar mit einander im Zusammenhange stehen. Unter diesen Umständen ist die Absicht einer reinen Freigebigkeit Seitens des M. als ausgeschlossen anzusehen und nicht zu bezweifeln, daß ein lästiger Vertrag und keine Schenkung in der Mitte liege. Die Versteuerung kommt hiernach dahin zu stehen, daß für den Vertrag, wodurch M. von seiner Forderung 300 Thaler abläßt, L. dagegen sich auf Höhe von 500 Thalern als Schuldner anerkennt, 15 Sgr., und zu der Seitens der verehelichten L. übernommenen Bürgschaft gleichfalls 15 Sgr., zusammen 1 Thaler Stempel erforderlich sind. Daß der Richter bei Aufnahme der Verhandlung den M. auf die Exceptionen hingewiesen hat, die nur für Schenkungen Platz greifen, kann hierbei nichts releviren, indem dadurch die rechtliche Natur des Geschäfts nicht geändert wird. FMR. v. 30. März 1842 III 5088 an d. Reg. in F.

f. Die Verhandlung vom ꝛc. zwischen den Kaufleuten P. und W. enthält einen Vergleich und keine Schenkung, indem der Gläubiger bei Verzichtleistung auf einen Theil seiner Forderung sich für den Ueberrest zu dessen Erhaltung besondere Sicherheit hat bestellen lassen [der Schuldner hatte über die einzelnen zur Berichtigung der Vergleichssumme zu leistenden Terminalzahlungen Wechsel ausgestellt, auch zur Sicherstellung des Gläubigers sein Leben versichert]. FMR. v. 5. Nov. 1860 III 23838 an d. PStD. in S.

g. In Betreff der nicht als Schenkung anzusehenden Verzichtleistung des Ehemannes auf den gesetzlichen Nießbrauch am Eingebrachten seiner Ehefrau s. S. 363 des Komm. Anm. 6.

11. Wenn ein Vater seinem Sohne und der mit demselben in Gütergemeinschaft lebenden Ehefrau etwas schenkt, unterliegt die Hälfte der Schenkung der Stempelsteuer von 4 Prozent. FMR. v. 29. Nov. 1838 III 23397 an d. Gerichts-Amt der Herrschaft Saaber zu Grünberg, mitgetheilt durch FMR. v. 28. Febr. 1852 III 3165 an d. PStD. in S.

12. a. Es ist vorgetragen worden, daß die Verwendung des Schenkungsstempels zu den Verhandlungen, wodurch überzähligen Offizieren bis zu ihrer Einrückung in das Offizier-Gehalt eine monatliche Rente von 15 Thalern zugesichert wird, bei der in der Regel kurzen Dauer eines solchen Rentengenusses öfter eine dem Vortheile nicht entsprechende, öfter denselben übersteigende Abgabe erhoben werde, und es ist hierauf durch die Allerh. Kab.-Ordre vom 3. d. M. bestimmt worden, daß, wenn dieses Verfahren bisher stattgefunden, dasselbe abgestellt, und zu dergleichen Verhandlungen der Stempel von 15 Sgr. verwendet werden solle. Cirk.-R. des FM. v. 10. Nov. 1832 III 25392.

12. b. Erklärungen, wodurch einem Offiziers-Aspiranten eine Zulage versprochen wird, sind nicht stempelfrei. JMR. v. 8. März 1869 (H. Str. S. 139 sub C Nr. 2 — etwas Näheres ist daselbst nicht mitgetheilt). Vergl. oben Anm. 9. e vorletzten Absatz.

13. Urkunden über den titulus mensae für zu ordinirende Geistliche bedürfen nur eines Stempels von 15 Sgr. FMR. v. 27. Nov. 1829 (SK.). Hierdurch ist das FMR. v. 14. Okt. 1825 an d. PStD. in Cöln (LR., auch bekannt gemacht im Publik. des OLGerichts zu Hamm v. 6. Dez. 1825 — ohne Angabe des Datums des Reskripts — v. KA. B. 9 S. 926) aufgehoben, welches bestimmt hatte, daß Urkunden über den titulus mensae für zu ordinirende Geistliche, als eine ganz wohlthätige Verleihung enthaltend, dem Stempelsatz für Schenkungen unter Lebendigen unterworfen seien und daß Behufs Berechnung derselben die jährliche dem Kandidaten konstituirte Revenüe nach §. 4 lit. c des Stempelgesetzes vom 7. März 1822 mit 12½ Mal zu Kapital angeschlagen werden müsse, von welchem Kapital nach dem jedesmal auszumittelnden Verwandschaftsgrade des Schenkgebers zu dem Schenknehmer der Stempelsatz geordnet werden müsse.

14. Bei den besonderen Verhältnissen, unter denen die Schornsteinfeger in Stralsund in ihr Amt eintreten, und da es daselbst ortsüblich ist, daß sie der etwa vorhandenen dürftigen Wittwe ihres Amtsvorgängers nothdürftige Alimente zu verabreichen haben, soll die notarielle Verhandlung, in welcher der J. nach dem Tode seines Vorgängers dessen hinterbliebener Wittwe 80 resp. 60 Thaler jährlicher Alimente ausgesetzt hat, vom Schenkungsstempel befreit bleiben, und der verbrauchte Stempel von 15 Sgr. für genügend erachtet werden. FMR. v. 7. Jan. 1858 III 28947 an d. PStD. in S.

15. Schriftlich erklärte Schenkungen unter Lebenden Seitens des Ehemannes an seine Ehefrau unterliegen in allen Fällen der Versteuerung mit 1 Prozent; die Position „Erbschaften" lit. A. c im Tarif zum Stempelgesetz vom 7. März 1822 ist auf sie nicht anwendbar (weil nach dieser Tarifposition der Anfall stempelfrei sei, wenn er an überlebende Ehefrauen gelange, insofern sie mit hinterlassenen ehelichen Kindern ihres verstorbenen Ehemannes zur Erbschaft gelangen, und diese Vorschrift selbstredend nur auf Erbschaften bezogen werden könne, nicht aber auf Schenkungen unter Lebenden). FMR. v. 3. Mai 1850 III 9416 an d. Reg. in F. — Jetzt unterliegen Urkunden über Schenkungen zwischen Eheleuten in keinem Falle dem Schenkungsstempel, s. §. 4 u. 48 Absatz 2 des Erbschaftssteuergesetzes vom 30. Mai 1873 nebst Tarif „Befreiungen" sub 2. c.

16. In der dorthin ergangenen Verfügung vom 6. August 1840 ist allerdings ausgesprochen, daß in Betreff der Schenkungen unter Lebenden ein Abzug bei der Versteuerung der geschenkten Summe nicht statthaft sei, wenn der Geschenkgeber sich die Nutzungen des Geschenks auf seine Lebenszeit vorbehalten hat. Späterhin ist aber nachgegeben worden, daß solchenfalls die Cirkular-Verfügung vom 4. Sept. 1837 [CB. v. 1859 S. 144, v. KA. B. 21 S. 621] analoge Anwendung finde, so daß nach Maßgabe des Lebensalters des Geschenkgebers am Tage der Schenkung eine Verminderung der geschenkten Summe bei deren Versteuerung Platz greifen dürfe. Demgemäß ist in künftigen ähnlichen Fällen zu verfahren. FMR. v. 13. Mai 1859 an d. PStD. in Br. (CB. S. 143). Als Datum dieses Reskripts ist a. a. O. in der Ueberschrift der 23. März, unter dem Reskript der 13. Mai angegeben; nach d. Register zum CB. für 1859, sowie nach d. Gen.-Reg. zu demselben für 1839 bis 1859 ist letzteres das richtige. — Vergl. übrigens jetzt §. 25 des Erbschaftssteuergesetzes v. 30. Mai 1873, welcher §. jedoch nicht zu den im §. 4 a. a. O. citirten, auf Schenkungen unter Lebenden anwendbaren §§. gehört.

E. Zu §. 5 des Gesetzes (§. 4 des Gesetz-Entwurfs).

Conform mit §. 5 Absatz 1 des Gesetzes ist im §. 9. a des Stempelgesetzes v. 7. März 1822 bestimmt: „der Erbschaftsstempel wird von demjenigen Betrage gezahlt, um den der Erbe oder Legatar durch den Empfang der Erbschaft oder des Legats wirklich reicher wird"; ebenso die für die neuen Landestheile ergangene Verordnung v. 5. Juli 1867 (GS. S. 1120) §. 2: „die Erbschaftsabgabe wird von demjenigen Betrage gezahlt, um den der Erbe oder Legatar u. s. w. durch den Empfang der Erbschaft oder des Legats u. s. w. wirklich reicher wird".

17. Der §. 5 Absatz 3 des Gesetzes enthält im Gesetz-Entwurf hinter den Worten „und der im Interesse der Masse geführten Prozesse" die Worte „soweit solche zur Zeit der Berechnung der Erbschaftssteuer bereits feststehen", welche letzteren Worte jedoch nach dem Beschluß der Kommission des Hauses der Abgeordneten, unter Hinweisung auf die Härte und Unbilligkeit der Nichtberücksichtigung noch nicht feststehender Kosten, gestrichen sind.

18. Bei der Frage: ob ein erbschaftlicher Erwerb auf Grund eines Testamentes zu versteuern sei, kommt es nur darauf an, daß das Testament von den eingesetzten Erben anerkannt worden ist. Ist dies der Fall, so erscheint es ohne Bedeutung, ob die Erben befugt gewesen, dasselbe wegen Fehler in der Form anzufechten; vielmehr besteht das Testament in Folge des Anerkenntnisses Seitens der Erben. Was also ein in diesem Testamente bedachter Legatar aus den Mitteln des Nachlasses erhält, ist für ihn unbezweifelt ein erbschaftlicher Erwerb, und es ist daher nicht statthaft, die dem Stiefsohn des Erblassers zugewendete freie Gewährung des Unterhaltes auf Lebenszeit vom Erbschaftsstempel freizulassen. FMR. v. 17. Mai 1850 III 10066 an d. PStD. in S.

Auch mündliche, von den Erben anerkannte Vermächtnisse unterliegen dem Erbschaftsstempel. FMR. v. 2. Aug. 1865 III 10475 an d. Reg. in F. Ebenso nach dem FMR. v. 20. Dez. 1823 III 24033 (SK.) und Mon. 16 des Rev.-Prot. des FM. v. 10. Sept. 1861, betr. die Erbsch.-Stemp.-Tabellen im Bezirk des Appell.-G. zu Cöslin für das 3 Tertial 1860.

19. Der §. 20 Tit. 16 Th. 2 des ALR. nennt den Erwerbstitel herrenloser Verlassenschaften ausdrücklich Erbrecht; mithin haben Magisträte die ihnen als herrenloses Gut zufallenden Verlassenschaften als Erbschaften zu versteuern. Rev.-Prot. des FM. v. 2. Febr. 1831, betr. die Erbsch.-Stemp.-Tabellen im Bezirk des Appell.-G. zu Cöslin für d. 3 Tertial 1829 (SK.).

20. a. Die gesetzlichen, nicht die durch Vergleich festgestellten Erbtheile unterliegen der Versteuerung. Da der Stempel von den letzteren erhoben ist, so bleibt derselbe nach Maßgabe der ersteren zu berechnen. Rev.-Prot. des FM. v. 16. Mai 1869, betr. die Erbsch.-Stemp.-Tabellen im Bezirk des Appell.-G. zu Frankfurt a. d. O. für d. 2 Tertial 1868, Mon. 31.

20. b. Hat die Erbin den vier Geschwistern des Erblassers deren Erbtheil von je 39 Thalern auf 50 Thaler erhöht, so werden Letztere doch nicht diesen Betrag versteuern dürfen, welchen sie nicht lediglich ererbt, sondern theilweise von der Erbin geschenkt erhalten haben. Rev.-Prot. des FM. v. 6. Juni 1854, betr. die Erbsch.-Stemp.-Tab. im Bezirk des Appell.-G. zu Cöslin für d. 1. Tertial 1853, Mon. 7. [In solchen Fällen wird, falls die Erhöhung des Erbtheils 50 Thaler oder mehr beträgt, der Werthstempel für Schenkungen unter Lebenden zu fordern sein — §. 4 des Erbschaftssteuergesetzes v. 30. Mai 1873].

21. a. Es ist nicht ersichtlich, ob die den Erben testamentarisch zugestandene Vergünstigung, die Legate erst ein Jahr nach dem Tode des Erblassers zahlen, bis dahin also nutzen zu dürfen, bei der Versteuerung berücksichtigt ist. Rev.-Prot. des FM. v. 13. März 1860, betr. die Erbsch.-Stemp.-Tab. im Bezirk des Appell.-G. zu Greifswald, Mon. 3.

21. b. Es unterliegt keinem Bedenken, daß der Erbe, welcher die vermachten Legate erst nach längeren Zeiträumen und zwar zinsenfrei an die Legatare zu zahlen braucht, durch diese Bestimmung des Erblassers auch um die von den vermachten Summen während der bestimmten Fristen aufkommenden Zinsen reicher wird und daß er demgemäß auch diese erbschaftliche Zuwendung versteuern muß. JMR. v. 4. Aug. 1866 III 2355 an d. Appell.-G. in Br., im Einverst. des FM.

21. c. Was die Nachforderung des Stempels von dem erbschaftlichen Erwerbe des Erben anlangt, welcher die Legate erst sechs Monate beziehungsweise ein Jahr nach dem Tode der Erblasserin auszuzahlen hatte, ohne Zinsen davon für diesen Zeitraum an die Legatare berichtigen zu dürfen, so liegt hierin nicht unbedingt ein erbschaftlicher Erwerb für den Erben; es kommt vielmehr auf die Umstände des besonderen Falles mit Rücksicht darauf an, ob dem Erben aus einer solchen Anordnung des Erblassers in der That ein Vortheil erwachsen ist. Im vorliegenden Falle wird von der Nachforderung eines diesfälligen Erbschaftsstempels schon aus dem Grunde Abstand genommen, weil dem Erben von der Erblasserin zugleich die Verpflichtung auferlegt ist, die Erbschaftsstempel von den Legaten zu berichtigen. FMR. v. 19. Juni 1858 III 12171 an d. Reg. in F.; von den legirten Kapitalien sollten 1900 Thaler 1 Jahr und 75 Thaler ½ Jahr nach dem Tode der Erblasserin gezahlt werden, und hatte man vom Erben die Versteuerung der Zinsen von diesen Kapitalien für 1 resp. ½ Jahr zu 5 Prozent von resp. 95 Thalern und 1 Thaler 26 Sgr. 3 Pf. zu 2 Prozent verlangt. Die Legaten-Stempel, welche der Erbe zu entrichten hatte, betrugen 153 Thaler 5 Sgr. Der Erbe hatte noch geltend gemacht, daß er um die Zinsen von den legirten Kapitalien nicht reicher werde, wenn man die Kosten in Betracht ziehe, mit welchen die Nachlaß-Regulirung, Kündigung und Einziehung der Nachlaß-Kapitalien, die demnächstige Befriedigung der Legatare aus denselben und die Tilgung der Nachlaßschulden verbunden zu sein pflegen.

22. Wenn der Erblasser dem Erben eine diesem gehörige Sache entzieht und ihm eine andere zuwendet, so bildet diese Zuwendung nicht ohne Weiteres eine Bereicherung im Sinne des §. 9. a des Stempelgesetzes vom 7. März 1822, sondern erst die Vergleichung und Abwägung der einen Sache mit der anderen stellt heraus, ob eine Bereicherung eingetreten ist;

Was Jemand nicht unmittelbar durch den Tod des Erblassers erlangt, sondern nur in Folge des Todes ex lege, gilt nicht als Bereicherung. Entzieht also ein Testator Jemandem den diesem gesetzlich zustehenden Nießbrauch an dem gesammten Vermögen seiner Kinder und räumt ihm dagegen den Zinsengenuß eines Kapitals ein, so muß erwogen werden, ob das Aequivalent für den Verlust des gesetzlichen, uneingeschränkten Nießbrauchsrechts in Betreff seiner Vortheilhaftigkeit letzteres übersteigt oder hinter demselben zurückbleibt. Nur wenn — was aber Fiskus beweisen muß — das Zinsenlegat g r ö ß e r e Vortheile bietet, würde Stempelpflichtigkeit eintreten. — Sind einem Vater aus dem freien Vermögen seiner Kinder Erziehungsgelder ausgesetzt, so ist der Betrag gemäß §§. 161, 162 Tit. 2 Th. 2 des Allg. Landrechts als eine Bereicherung des Vaters im Sinne des §. 9. a cit. nicht anzusehen;

Wenn eine Zuwendung ein Aequivalent für Leistungen sein soll, so hat sie nicht den Charakter einer Schenkung. Ein etwaiges Uebermaß des Honorars müßte vom Fiskus dargethan werden (vergl. unten sub F Anm. 27 Absatz 2 am Schluß u. Anm. 28. c);

Nicht jede Verringerung einer letztwilligen Zuwendung erscheint als eine Last im Sinne des Schlußsatzes des §. 9 lit. a. Wer sie behauptet, muß den Beweis führen. Verringerung liegt dann nicht vor, wenn Jemand von einer ihm legirten e r b s c h a f t s s t e m p e l f r e i e n Zuwendung einem Anderen etwas abzugeben hat. Erk. des OT. (I) v. 21. Dez. 1863 (GA. B. 15 S. 603 sub Nr. 18 — etwas Weiteres ist daselbst nicht abgedruckt).

23. Es enthält kein Vermächtniß eines Nießbrauchs von Kapitalien, und keine Bereicherung um die Zinsen im Sinne des §. 9. a des Stempelgesetzes vom 7. März 1822, wenn Jemandem durch Testament die Verpflichtung auferlegt ist, seinen Kindern bei ihrer Großjährigkeit eine bestimmte Summe zu zahlen und diese durch Eintragung auf ein ihm vermachtes Grundstück sicher zu stellen, und dabei ausdrücklich festgesetzt ist, daß er bis zur Großjährigkeit seiner Kinder die vermachten Beträge nicht zu verzinsen habe. Erk. des OT. (IV) v. 30. Sept. 1870 (Str. A. B. 79 S. 231); im Testamente war dem Kläger ein Haus vermacht; dabei war ihm die Verpflichtung auferlegt, jedem seiner beiden Kinder bei ihrer Großjährigkeit 1000 Thaler zu zahlen und diese Summe durch Eintragung auf das Grundstück sicher zu stellen, und zugleich ausdrücklich festgesetzt, daß er bis zur Großjährigkeit der Kinder die vermachten Beträge nicht zu verzinsen haben solle. Der Fiskus verlangte Zahlung des Legatenstempels wegen der Zinsen. Kläger behauptete Nichtverpflichtung hierzu. Der Appell.-Richter nahm die Nichtstempelpflichtigkeit an. In den Erk.-Gründen bezeichnet zunächst das Ober-Tribunal es als einen Rechtsirrthum des App.-Richters, wenn derselbe annimmt: es komme zur Beurtheilung der streitigen Stempelpflichtigkeit darauf, ob das fragliche Testament eine Festsetzung dahin: daß der Kläger die Nutzungen (den Zinsengenuß) von den, seinen Kindern vermachten Kapitalien erhalten solle, enthalte, deshalb nicht an, weil, auch wenn die letztwillige Verordnung eine diesfällige Festsetzung enthalte, eine Bereicherung des Klägers um den Zinsengenuß dennoch nicht anzunehmen sei, da er auch in diesem Falle diesen Zinsengenuß nicht lediglich durch die letztwillige Verordnung und als eine unmittelbare Folge derselben erlangen, sondern schon nach den §§. 156 und 168. II. 2 des Allg. Landrechts, welche bereits einen anderen gesetzlichen Entstehungsgrund für die Bereicherung bildeten, erlangt haben würde. — Hiernächst heißt es in den Gründen des OTrib.-Erk. weiter: Es versteht sich von selbst, daß, wenn in einer letztwilligen Verordnung, worin unter väterlicher Gewalt stehenden Kindern ein Zinsen tragendes Kapital vermacht wird, keine andere Festsetzung in Betreff des Zinsengenusses enthalten ist, von einem dem Vater der Kinder „vermachten" Zinsengenusse, der dem Erbschaftsstempel unterliegen sollte, überhaupt nicht die Rede sein kann, und ebensowenig von einer Bereicherung des Vaters im Sinne des §. 9 des Stempelgesetzes, da der Vater ein Legat des Zinsengenusses nicht empfangen hat, und lediglich und allein die gesetzlichen Bestimmungen für die Fragen maßgebend sind: ob, in welchem Umfange und wie lange er als Nießbraucher des nicht freien Vermögens seiner Kinder die Zinsen des diesen vermachten Kapitals für sich zu verwenden befugt sei? Anders dagegen, wenn der Erblasser, von dessen freiem Willen es abhängt, einen Vater von dem Nießbrauche eines dessen Kindern vermachten Kapitals, es sei zum Besten der Kinder oder zu Gunsten eines Dritten, ganz auszuschließen, oder ihn darin zu beschränken oder ihm den Zinsengenuß unter anderen, als den für den väterlichen Nießbrauch am nicht freien Vermögen der Kinder gegebenen gesetzlichen Vorschriften zuzuwenden, ausdrücklich bestimmt, daß der Vater die Nutzungen des den Kindern vermachten Kapitals erhalten solle. Denn dann liegt eine dem Vater vom Erblasser gemachte Zuwendung nach §. 421. I. 12 des Allg. Landrechts, das Vermächtniß eines Nießbrauchs vor, und dieser auf letztwilliger Verordnung beruhende Nießbrauch ist ein vom gesetzlichen Nießbrauche des Vaters am nicht freien Vermögen der Kinder (§§. 156, 168 a. a. O.) seiner rechtlichen Natur, wie seiner Dauer nach in mehr als einer Beziehung verschiedener. Es genügt, darauf hinzuweisen, daß die Rechte, welche der Vater durch einen ihm vermachten Nießbrauch an einem seinen Kindern legirten Kapitale erlangt, nicht dadurch gekürzt und beeinträchtigt werden, daß das den Kindern vermachte Kapital selbst zur Bezahlung von aus unerlaubten Handlungen entstandenen Schulden angegriffen werden könnte (§. 203. II. 2 des Allg. Landrechts), auch den Kindern gegenüber weder davon, daß der Vater für ihre standesmäßige Erziehung und Unterhalt sorgt, abhängen (§. 204 a. a. O.), noch für ihn dadurch, daß er in Konkurs verfällt (§. 206), oder eine Einschränkung oder Aufhebung der väterlichen Gewalt eintritt (§. 264), verloren gehen. Dies Alles sind Vortheile, die nicht nur keine unmittelbare Folgen der citirten §§. 156, 168, sondern gerade abweichend von den dadurch einem Vater begründeten Rechten, ausschließlich aus der betreffenden letztwilligen Verordnung abzuleiten sind. Durch die unterlassene Prüfung des Inhalts des hier vorliegenden

Testaments aus abstrakten, in ihrer Allgemeinheit, wie gezeigt, unzutreffenden Gründen hat der Appell.-Richter sonach, außer dem §. 9 des Stempelgesetzes, auch diese Paragraphen unrichtig angewendet. Die Nichtigkeitsbeschwerde erscheint daher schon deshalb begründet, ohne daß es auf eine Beurtheilung der übrigen Angriffe noch ankommen kann. Bei freier Beurtheilung erscheint aber der vom Verklagten geltend gemachte Anspruch auf Nachzahlung von 25 Thalern Nießbrauchsstempelsteuer nicht gerechtfertigt und der Antrag des Klägers daher begründet, weshalb die angefochtene Entscheidung des Appell.-Richters aufrecht zu erhalten ist 2c. Der Erblasser hat festgesetzt, daß Kläger bis zur Großjährigkeit der Kinder die vermachten Beträge nicht zu verzinsen habe. Diese Festsetzung enthält ganz unzweifelhaft kein Vermächtniß eines Nießbrauchs von Kapitalien (§. 421. I. 12, §§. 22, 101. I. 21 des Allg. Landrechts), sondern die Bestimmung eines bestimmten, von der Vorschrift des §. 294. I. 12 abweichenden Zahlungstages unter Befreiung von der nach §. 328 ebenda dem Erben obliegenden Pflicht, Geldvermächtnisse vom Ablaufe der Deliberationsfrist ab zu verzinsen 2c.

24. a. Von dem Legat, wonach zur Unterhaltung und Verschönerung der Grabes-Monumente des Erblassers und dessen Familie ein eisernes Kapital von 1500 Thalern ausgesetzt worden und wovon die Zinsen zur Verschönerung resp. Anlegung neuer Monumente verwendet werden sollen, ist ein Erbschaftsstempel nicht zu entrichten. FMR. v. 16. Aug. 1839 III 11932 an d. Reg. in F. — Ebenso nach dem Rev.-Prot. des FM. v. 5. Mai 1861, betr. die Erbsch.-Stemp.-Tab. im Bezirk des Appell.-G. zu Greifswald für das 2. Tertial 1860, Mon. 8, welches lautet: Die mit 4 Thalern für das Legat zur Unterhaltung des Familienbegräbnisses überhobenen Stempel werden im geordneten Wege erstattet werden.

24. b. Die zu einem Leichenstein ausgesetzten 100 Thaler waren ebenso wie die Begräbnißkosten mit 99 Thalern 15 Sgr. von der zu vertheilenden Masse vorweg abzusetzen und war diese nur auf 5391 Thaler 3 Sgr. 9 Pf. anzugeben und als vertheilt nachzuweisen. Rev.-Prot. des FM. v. 7. Febr. 1867, betr. die Erbsch.-Stemp.-Tabellen im Bezirk des Appell.-G. zu Frankfurt a. d. O. für d. 1. Tertial 1866, Mon. 63.

25. Die Kosten der Nachlaßregulirung hätten von der Theilungsmasse und nicht von der Erbportion desjenigen Erben abgezogen werden müssen, welcher dieselben freiwillig übernommen hat. Rev.-Prot. des FM. v. 20. Jan. 1868, betr. die Erbsch.-Stemp.-Tabellen im Bezirk des Appell.-G. zu Frankfurt a. d. O. für d. 1. Tertial 1867, Mon. 72.

26. a. Die Verpflichtung zur Entrichtung der Stempelsteuer muß jederzeit nach den persönlichen Verhältnissen, in denen der wirkliche Empfänger der Erbschaft, der dadurch als Erbe reicher wird, zu dem Erblasser gestanden hat, beurtheilt werden. Ein stempelfreier Erbe, der die Erbschaft auf die Repudiation eines stempelpflichtigen erhält, hat hiernach die Stempelsteuer nicht zu entrichten, wogegen der stempelpflichtige Erbe, welchem die Erbschaft auf die Repudiation des stempelfreien zufällt, diejenige Steuer zu entrichten hat, die nach dem Grade seiner Verwandtschaft mit dem Erblasser gesetzlich bestimmt ist. Kab.-O. v. 13. Dez. 1824 (v. KA. B. 9 S. 621, v. KJ. B. 25 S. 125).

26. b. Bei der Erbschafts-Entsagung zu Gunsten eines nächstfolgenden Erben lassen sich vier Fälle denken: der nächstfolgende Erbe kann stempelfrei, oder er kann höher, gleich, oder geringer besteuert, als der entsagende Erbe sein. Im ersten und vierten Falle darf die zu spät erfolgte Entsagung nicht zum Nachtheil des Fiskus gereichen, und es muß der entsagende Erbe den Stempel bezahlen. Im zweiten Falle ist der Stempel nicht zweimal, sondern nur einmal, und zwar nach dem Satze, welchem der am höchsten besteuerte Erbe unterliegt, zu fordern; denn da das Gesetz nicht jede zu spät erfolgende Erbschafts-Entsagung unbedingt für nichtig, sondern nur für wirkungslos in Bezug auf den Dritten, welcher dadurch Nachtheil erleiden würde, erklärt, so folgt daraus, daß der Stempel-Fiskus eine Erbschafts-Entsagung, bei welcher er keinen Nachtheil erleidet, nicht anfechten, und darauf keinen Stempel-Anspruch gegen den entsagenden Erben gründen kann. Auf den dritten Fall paßt dasselbe Argument, und es ist daher auch hier eine einfache Stempelerhebung genügend. Alles Vorbemerkte gilt übrigens nur für solche Erbschafts-Entsagungen, welche zu Gunsten des nächstfolgenden Erben geschehen. Wenn der berufene Erbe seinen Antheil nicht unbedingt dem nächstfolgenden Erben, sondern, falls deren mehrere vorhanden sind, nur einem von ihnen, oder vielleicht gar nicht einmal dem nächstfolgenden, sondern einem entfernteren Erben überträgt, so liegt in seiner Erklärung eine Disposition über die Erbschaft, die ohne Erbschafts-Antretung nicht denkbar ist, und in solchen Fällen ist daher ohne Rücksicht darauf, ob das Geschäft in die Form einer Entsagung gekleidet ist, von dem berufenen Erben der Erbschaftsstempel, falls er nach dem Gesetze zu dessen Entrichtung verbunden ist, und für das Geschäft, wodurch er seinen Antheil einem Anderen übertragen hat, der durch den Inhalt dieses Geschäfts bedingte Stempel zu erheben. FMR. v. 17. Sept. 1841 (CB. S. 236).

26. c. Ihre Ansicht, daß der Fiskus die von Ihnen und Ihren Geschwistern erst nach Ablauf der gesetzlichen Ueberlegungsfrist abgegebene Erbschaftsentsagung gegen sich gelten lassen müsse, widerlegt sich aus dem §. 412 Tit. 9 Th. 1 des Allg. Landrechts, welcher allgemein bestimmt, daß der Erbe, welcher die Erbschaft — stillschweigend oder ausdrücklich — einmal angenommen hat, derselben zum Nachtheile eines Dritten nicht mehr entsagen kann. Die Staatskasse ist wegen ihrer Erbschaftsstempelforderung ein Dritter, zu dessen Nachtheil eine verspätete Entsagung nicht in Betracht kommt. Hiernach wird von Ihnen und Ihren Geschwistern, als Erben der Erblasserin, die Steuer mit Recht erfordert, denn die Erben sind um die Erbschaft allerdings reicher geworden und die verspätete Entsagung zu Gunsten der Mutter ist ein Akt der Freigebigkeit, welcher die Steuerfrage nicht berührt. FMR. v. 16. März 1862 III 5253 an d. B. und zur Nachricht an d. Reg. in F.; der citirte §. 412 a. a. O. bestimmt: „Dagegen kann auch der Erbe, welcher die Erbschaft einmal angenommen, oder sich innerhalb der gesetzmäßigen Frist gar nicht erklärt hat, derselben zum Nachtheil eines Dritten nicht mehr entsagen"; ferner Erk. des OT. (III) v. 25. Nov. 1853 (Entsch. B. 26 S. 253): Die von dem Erben nach Ablauf der Ueberlegungsfrist erklärte Erbschaftsentsagung hebt die Eigenschaft als Erbe nicht auf; eine solche Entsagung kann nicht nach den für Erbschaftsentsagungen gesetzlich gegebenen Grundsätzen beurtheilt werden, ist vielmehr als Veräußerung aufzufassen, und nach den für die letztere geltenden Grundsätzen die rechtliche Wirkung einer solchen Entsagung zu ermessen — ALR. Th. 1 Tit. 9 §§. 383—385, 397, 406, 410—412, 420—421, Th. 1 Tit. 16 §§. 378, 396. — Vergl. unten Anm. 42. d.

26. d. Der Ehemann, welcher nach dem Tode seiner Frau die sechswöchentliche Ueberlegungsfrist ohne Erklärung verstreichen läßt, ist dadurch Erbe derselben geworden, und verpflichtet, von seinem Erbtheile den Erbschaftsstempel zu entrichten. Durch eine freiwillige Aufgabe dieses Vortheils zu Gunsten seiner Kinder kann er sich von der Stempelabgabe nicht befreien, da nach der allgemeinen Fassung des §. 412 Tit. 9 Th. 1 des ALR. auch der Fiskus wegen des bereits erworbenen Rechts auf die Stempelsteuer als ein Dritter anzusehen ist, zu dessen Nachtheil der Erbschaft nicht mehr entsagt werden darf. Hiernach hat das Kollegium die Untergerichte zur Erledigung der Stempel-Erinnerungen in allen den Fällen anzuweisen, in denen die Grundsätze des Allg. Landrechts bei Erbschafts-Entsagungen zur Anwendung kommen. Dagegen hat der H. Finanz-Minister sich damit einverstanden erklärt, daß der §. 412 a. a. O. bei Erbfällen unter Eheleuten in den Landestheilen ausgeschlossen bleibt, wo die Constitutio Joachimica und das Erbschafts-Edikt vom 30. April 1765 gelten. JMR. v. 18. Dez. 1841 (JMB. S. 375).

F. Zu §. 6 des Gesetzes (§. 5 des Gesetz-Entwurfs).

27. Der §. 6 des Gesetzes hatte im §. 5 des Gesetz-Entwurfs folgende Fassung: „Insoweit eine Zuwendung in der Vergeltung für Leistungen besteht, welche mit dem Anfall übernommen werden und welche einen Kostenaufwand verursachen, oder für welche eine Vergütung gefordert werden kann, kommt der Betrag des erforderlichen Kostenaufwandes, oder der den Leistungen entsprechenden Vergütung von der Zuwendung in Abzug". Motive: „Im §. 5 wurde eine Vorschrift hinzugefügt wegen der Zuwendungen, die gänzlich oder zum Theil in einer Vergeltung aufgetragener Leistungen bestehen. Die bisherige Bestimmung — Tarif zur Verordnung vom 5. Juli 1867 [für die neuen Landestheile — GS. S. 1120] unter Nr. 3 der Befreiungen — ist offenbar unzulänglich und beruht auf der nicht gerechtfertigten Unterscheidung, ob eine jährliche Vergeltung während der Dauer aufgetragener Dienstleistungen angeordnet, oder ein Kapital hinterlassen ist, dessen Zinsen auch nach vollendeter Dienstleistung einen Zuwachs für das Vermögen des Empfängers bilden [im ersteren Falle steuerfrei, im letzteren steuerpflichtig; ebenso im Geltungsgebiet des Stempelgesetzes v. 7. Marz 1822 nach der Kab.=Ordre v. 7. Juli 1830 — s. unten in Anm. 28. c]. Für die Bereicherung des Empfängers ist die eine wie die andere Form der Zuwendung gleichbedeutend und deshalb die gedachte Unterscheidung fallen zu lassen. Die anderweit vorgeschlagene Bestimmung beschränkt sich jedoch nicht auf die Beseitigung der namentlich bei Versteuerung der Vermächtnisse an Testaments=Exekutoren u. dgl. vielfach hervorgetretenen Differenzen bezüglich der Vergeltungen für aufgetragene Dienstleistungen, sondern bezweckt, den Gegenstand im Allgemeinen zu regeln".

Bericht der Kommission des Hauses der Abgeordneten: „Der §. 6 — §. 5 der Regierungs=Vorlage — enthält eine Abänderung der bestehenden Bestimmungen, nach welchen eine jährliche Vergeltung während der Dauer aufgetragener Dienstleistungen ganz steuerfrei ist, wenn aber ein Kapital hinterlassen ist, dasselbe versteuert wird, soweit dessen Zinsen auch nach vollendeter Dienstleistung einen Zuwachs für das Vermögen des Empfängers bilden. Dagegen stellt §. 5 [des Gesetz=Entwurfs, §. 6 des Gesetzes] im Allgemeinen das Prinzip auf, daß in jedem einzelnen Falle der Werth der Leistungen festzustellen, und von der Zuwendung in Abrechnung zu bringen ist. Daß dies Prinzip richtiger und gerechter ist, darüber herrscht im Allgemeinen Einverständniß. Widerspruch fand es nur, daß das Prinzip durch die Worte „oder für welche eine Vergütung gefordert werden kann" eingeschränkt oder verdunkelt sei, und daß die praktische Durchführung desselben wegen der Unzuverlässigkeit von Taxen zu großen Belästigungen und Härten führen könne". Der §. 6 des Gesetzes erhielt hiernach seine jetzige Fassung. In der Kommission war ferner beantragt, dem Paragraphen folgenden Zusatz zu geben: „Die Honorare der Testamentsvollstrecker unterliegen nicht der Erbschaftssteuer". Zur Begründung dieses Antrages wurde angeführt, daß er nur den Charakter als Honorar sicher stellen solle. Der Regierungs=Kommissarius hatte hierauf erwidert: „Die Honorare der Testamentsvollstrecker als reine Legate aufzufassen, liege dem Entwurf fern; soweit dergleichen Legate die gesetzliche Taxe nicht übersteigen, seien sie steuerfrei".

28. Frühere Entscheidungen bezüglich der Vermächtnisse an Testamentsvollstrecker:

a. Testamentsvollzieher sind für die ihnen für die Exekution des Testaments hinterlassenen Legate den Stempel zu lösen verbunden. Kab.=O. v. 22. Aug. 1823 an d. Staats=Ministerium, in einem Spezialfalle (SK.).

b. Wird dem Testaments=Exekutor eine bestimmte Summe für die Testaments=Exekution ausgesetzt, so hat er davon einen Erbschaftsstempel zu entrichten. Schreiben des FM. an d. JM. v. 16. April 1832 u. JMR. v. 9. Mai 1832 an d. OLGericht in Mr (SK.).

c. Wenn einem zum Testaments=Exekutor ernannten Rechtsanwalte für seine Mühwaltung bei Vollstreckung des Testaments ein in einem Kapital bestehendes Honorar ausgesetzt ist, so ist diese Zuwendung nicht unter allen Umständen dem Erbschaftsstempel unterworfen. Entscheidend wird immer sein, ob die Höhe der Zuwendung mit dem Umfange der übertragenen Geschäfte in Verhältniß steht oder nicht (§. 9. a des Stempelges. v. 7. März 1822 — s. oben sub E). Aus der Kab.=Ordre vom 7. Juli 1830, wonach von letztwilligen Zuwendungen Erbschaftsstempelsteuer nicht zu entrichten ist, sobald sie in einer jährlichen Vergeltung aufgetragener Dienstleistungen bestehen und auf die Dauer dieser Dienstleistungen beschränkt sind, folgt nicht, daß ein in einem Kapitale bestehendes Honorar für Dienstleistungen unbedingt dem Erbschaftsstempel unterliege. Erk. des OT. (I) v. 24. April 1865 (Gruchot Beiträge rc. B. 10 S. 248 ff. — woselbst die Erk.-Gründe mitabgedruckt sind, GA. B. 15 S. 604 sub Nr. 22 — ohne die Erk.-Gründe); vergl. oben Anm. 22 Absatz 3. Die vorgedachte Kab.-Ordre v. 7. Juli 1830 ist bekannt gemacht durch JMR. v. 4. August 1830 (v. KJ. B. 36 S. 197) und im Cirk.-R. des FM. v. 25. Juli 1830 III 14495, welches letztere noch zusätzlich bemerkt: Wenn dagegen ein Kapital hinterlassen wird, dessen Zinsen auch nach vollendeter Dienstleistung einen Zuwachs des Vermögens für den Empfänger bilden, so bleibt diese letztwillige Zuwendung dem Erbschaftsstempel unterworfen.

29. Von der Forderung eines Erbschaftsstempels, beziehungsweise eines Stiftungsstempels von 3 Prozent, kann schon deshalb ganz abgesehen werden, weil die Zinsen des der Verwaltung des Magistrats zu C., unter Nr. 48 des Kodizills, anvertrauten Kapitals von 400 Thalern, soweit dieselben nicht als der öffentlichen Armenpflege vermacht schon gesetzlich stempelfrei sein sollten, einen erbschaftlichen Vortheil nicht gewähren, indem sie der jüdischen Gemeinde zum Zwecke einer Leistung, nämlich zur Verrichtung des üblichen Trauergebets am Todestage des Bruders des Erblassers gezahlt werden sollen. JMR. v. 4. Aug. 1866 III 2355 an d. Appell.-G. in Br., im Einverst. des FM.

G. Zu §. 7 des Gesetzes (gleichlautend mit §. 6 des Gesetz-Entwurfs).

30. Die Motive lauten: „§. 6 bezieht sich auf die Erhebung der Erbschaftssteuer von letztwillig verordneten Stiftungen. Daß bereits bestehende Stiftungen, soweit sie juristische Persönlichkeit haben, Erbschaften und Vermächtnisse erwerben können, auch (sofern sie nicht Anspruch auf subjektive Befreiung haben) wie andere physische oder juristische Personen versteuern müssen, kann nicht zweifelhaft erscheinen. Hinsichtlich der zur Zeit des Anfalles noch nicht vorhandenen, sondern erst noch in das Leben zu rufenden Stiftungen hat aber in der Praxis Unsicherheit geherrscht, indem in früherer Zeit Anstand genommen ist, eine testamentarisch errichtete Stiftung ohne eine positive Gesetzesbestimmung hierüber zur Erbschaftssteuer heranzuziehen, sofern dieselbe nicht eine Familienstiftung war, für welche etwa eine spezielle Vorschrift erlassen war (Fin.-Min.-Erlaß vom 19. April 1839). Um das angedeutete, bei richtiger Auffassung der Frage schon damals nicht ausreichend begründete Bedenken zu beseitigen und zugleich im Hinblick auf die gemeinrechtliche Kontroverse über die Voraussetzungen und Erfordernisse der Entstehung einer juristischen Person in den hier in Betracht kommenden Fällen, sind die Bestimmungen im §. 5 des Entwurfs vorgeschlagen. Dieselben dürften geeignet sein, die Gleichmäßigkeit der Besteuerung bereits vorhandener und neu begründeter Stiftungen zu sichern".

H. Zu §. 8 des Gesetzes (gleichlautend mit §. 7 des Gesetz-Entwurfs).

31. Die Motive lauten: „Zuwendungen zu milden, gemeinnützigen oder öffentlichen Zwecken können nicht blos in der Weise gemacht werden, daß eine bestehende Stiftung zum Erben eingesetzt, oder mit einem Legat bedacht, oder daß eine neue Stiftung errichtet wird, sondern kommen häufig in der Art vor, daß einem Erben oder Legatar, mag derselbe eine physische oder juristische Person sein, die Verwendung des für den betreffenden Zweck Ausgesetzten aufgetragen und von ihm übernommen wird. In diesem Fall entsteht kein neues Rechtssubjekt, welches zur Versteuerung des Erworbenen herangezogen werden könnte, und ebensowenig hätte streng genommen der Erbe oder Legatar zur Versteuerung der Zuwendung, als eines Theiles des ihm zukommenden Anfalles, angehalten werden können, weil er um den Betrag derselben nicht reicher wird. Man möchte also in letzterem Sinne eine positive Anordnung treffen, wie es wohl anderswo geschehen ist, dahin, daß solche Zuwendungen Seitens des damit beschwerten Erben oder Legatars von der steuerpflichtigen Masse nicht in Abzug gebracht werden dürfen. Indessen würde eine solche Anordnung zu nicht zu billigenden Ergebnissen führen. Es würde ganz von der getroffenen Auswahl der Person des mit der Zuwendung Beauftragten abhängen, ob die Zuwendung selbst in dem einen Falle mit 8 Prozent zu versteuern, in dem andern Falle steuerfrei zu lassen oder nur mit einem geringeren Prozentsatz, wegen des obwaltenden Verwandtschaftsverhältnisses, zu belegen wäre. Der angedeutete Ausweg entspricht daher nicht der Natur der Sache. Der Entwurf geht dagegen von der Unterstellung aus, daß eine Zuwendung der in Rede stehenden Art einer Stiftung von gleichem Betrage zu demselben Zwecke gleich zu achten sei. Hierbei wird der Zweck gewissermaßen als personifizirt gedacht, und es ist nun möglich, den Einfluß der durchaus zufälligen, mit der Persönlichkeit des Beauftragten zusammenhängenden Momente auszuschließen und die eigentliche Natur der Zuwendung gebührend zu berücksichtigen. — Vergl. Tarif D. e [des Entwurfs — identisch mit Pos. C. e der Allg. Vorschriften des dem Gesetze beigegebenen Tarifs]". — Vergl. unten sub Z c Anm. 58.

J. Zu §. 9 und 10 des Gesetzes (§. 8 und 9 des Gesetz-Entwurfs).

32. Bericht der Kommission des Hauses der Abgeordneten: „Der erste Antrag ging dahin, den Eingang des §. 9 dahin zu fassen: „Ausländische Grundstücke, Kuxe (Bergwerksantheile) und Grundgerechtigkeiten." Der Antragsteller ging von der Ansicht aus, daß unter Grundstücken und Grundgerechtigkeiten unbewegliche Kuxe mitverstanden werden könnten, daß es jedenfalls nicht rathsam sei, die unbeweglichen Kuxe anders, als die beweglichen zu behandeln, oder die Streitfrage offen zu lassen. Der Regierungs-Kommissarius erwähnte, daß mit der Bezeichnung „Grundstücke und Grundgerechtigkeiten" nicht alle unbeweglichen Sachen verstanden worden seien. Uebrigens stellte er die Annahme des Antrages anheim. Die Kommission theilte im Allgemeinen die Ansicht des Antragsstellers, daß eine verschiedene Behandlung der Kuxe, je nachdem sie beweglicher oder unbeweglicher Natur seien, da dieser Unterschied lediglich von der positiven Gesetzgebung der verschiedenen Länder abhängig, nicht gerechtgefertigt sei, und stimmte demselben auch darin bei, daß der Zweifel, wohin die Kuxe zu rechnen, zu beseitigen sei. Sie nahm indessen an, daß, da es hierbei insbesondere auch auf das ausländische Recht ankomme, in ausgedehnten Rechtsgebieten, wie beispielsweise in Frankreich und England, es gar keine unbeweglichen Bergwerksantheile gebe, auch in Preußen die Tendenz der Gesetzgebung dahin gehe, die unbeweglichen Kuxe zu mobilisiren, die Kuxe allgemein als bewegliche Sachen im Sinne dieses Gesetzes zu behandeln seien. Eines besonderen Ausdrucks bedürfe diese Bestimmung aber im Gesetze nicht, da auch unbewegliche Kuxe im strengen Sinne weder zu den Grundgerechtigkeiten noch zu den Grundstücken gerechnet werden könnten, und einer analogen Auslegung der Worte des Gesetzes durch Klarstellung dieser ihrer Ansicht im Berichte hinlänglich entgegengetreten werden könne. Der Antrag wurde vor der Beschlußfassung zurückgezogen ꝛc."

K. Zu §. 12 des Gesetzes (gleichlautend mit §. 11 des Gesetz-Entwurfs).

33. Motive: „§. 11 spricht das für die Werthsermittelungen maßgebende Prinzip aus und beseitigt alle z. B. wegen der Zugrundelegung der Taxen der ritterschaftlichen Kredit-Institute ergangenen, die Gleichmäßigkeit der Besteuerung in Frage stellenden Verordnungen. Durch die Verweisung auf den gemeinen Werth wird die Berücksichtigung des außerordentlichen Werthes, und des Werthes der besonderen Vorliebe, ausgeschlossen". — Vergl. unten sub O Anm. 38.

34. Frühere Entscheidungen bezüglich der Werthsveranschlagung:

a. Nach §. 9. a des Stempelgesetzes ist der Erbschaftsstempel von demjenigen Betrage zu zahlen, um den der Erbe durch den Empfang der Erbschaft wirklich reicher wird. Hieraus folgt, daß Nachlaß-Grundstücke mit demjenigen Werth in Ansatz kommen müssen, welchen sie zur Zeit des Todes des Erblassers haben. Es ist demnach ersichtlich, daß die Vorschrift im §. 9. d der Instruktion vom 26. Sept. 1842 [Beilage zum 42. Stück des JMB. v. 1842], wonach bei Immobilien, wenn die Angabe der Erben nicht höher ausfällt, der letzte Erwerbspreis Behufs der Werthsbestimmung zum Grunde zu legen, der Erbschaftsstempelbehörde nur zum Anhalt ihres Verfahrens dienen soll, und weder dergestalt bindend für sie ist, daß sie unbedingt den letzten Erbwerbspreis der Nachlaß-Immobilien der Erbschaftsstempel-Berechnung zum Grunde legen muß, noch die Steuer-Verwaltung in der ihr nach §. 4. f des Stempelgesetzes vom 7. März 1822 zustehenden Befugniß zur Aufnahme einer Taxe beschränken kann. Im Uebrigen hat das Gericht mit Recht den als Werth der Nachlaß-Immobilien des im Jahre 1843 verstorbenen Erblassers angegebenen Erwerbspreis aus dem Jahre 1813 als gegen den Werth zur Zeit des Erbanfalls zu weit zurückliegend verworfen und den von den Erben selbst im Jahre 1844 extrahirten, von dem Kredit-Institut für Schlesien festgestellten Taxwerth bei der Berechnung des Erbschaftstempels zu Grunde gelegt. Nur wenn von den Erben nachgewiesen werden könnte, daß seit dem Tode des Erblassers bis zum Zeitpunkte der landschaftlichen Abschätzung der Grundstücke damit Veränderungen vorgegangen seien, welche auf die Erzielung eines höheren Werthes bei dieser Abschätzung, als solcher zur Zeit des Todes des Erblassers ausgefallen sein würde, Einfluß gehabt haben, würde eine verhältnißmäßige Herabsetzung des der Erbschaftstempelberechnung zum Grunde gelegten Güterwerths erfolgen können. FMR. v. 7. Mai 1846 III 9155 (GK.).

b. Nach §. 4. f des Stempelgesetzes vom 7. März 1822 steht der Steuer-Verwaltung, wenn sie mit der Angabe des Werths der Nachlaß-Gegenstände Seitens der Erben nicht einverstanden ist, nur die Befugniß zu, die Aufnahme einer gerichtlichen Taxe zu veranlassen. In den Provinzen, in welchen sich ein Kredit-System befindet, soll aber nach der in dem Reskript vom 16. Dez. 1834 angezogenen Allerh. Kab.-Ordre vom 29. Okt. deff. J. (s. S. 72 des Komm. Anm. 6) die gerichtliche Taxe der demselben angehörigen Güter jederzeit nach den ritterschaftlichen Taxations-Prinzipien ausgearbeitet werden. Wenn also in Ansehung des Nachlaß-Gutes hiernach verfahren ist, so muß es, des daraus für die Steuer-Verwaltung hervorgegangenen ungünstigen Ergebnisses ungeachtet, dabei bewenden, indem es an einem gesetzlichen Anhalt fehlt, die gerichtliche Taxe dieses Gutes nach anderen Grundsätzen ausarbeiten zu lassen. FMR. v. 31. Jan. 1854 III 1810 an d. PStD. in S.

c. Die Erben können nicht angehalten werden, die Verhandlungen über den Verkauf des Nachlaßgrundstücks vorzulegen oder Auskunft darüber zu geben. Auch ist es bei dem Widerspruch der Erben unzulässig, den Verkaufspreis ohne Weiteres als den Werth des Grundstückes zur Zeit des Todes des Erblassers anzusehen und zur Versteuerung zu ziehen. Der Umstand, daß die Erben das im Inventarium mit einem Werth von 9000 Thalern angesetzte Grundstück wenige Wochen darauf für 15230 Thaler verkauft haben, läßt aber allerdings eine zu niedrige Werthsangabe vermuthen. Der Verwaltung steht indessen nach §. 4. f des Stempelgesetzes vom 7 März 1822 nur das Recht zu, bei Bedenken über die Richtigkeit der Werthsangabe die Aufnahme einer gerichtlichen Taxe zu veranlassen. Ob hiervon sich ein Erfolg versprechen lasse, bleibt zu erwägen, auch nach Befinden mit den Erben unter Vorhaltung der gegen ihre Angabe sprechenden Umstände darüber zu verhandeln, ob sie den Verkaufspreis als den zu versteuernden Werth anerkennen oder es auf eine gerichtliche Taxe ankommen lassen wollen. FMR. v. 13. Febr. 1863 III 1635 an d. PStD. in B.

d. ꝛc. Im Allgemeinen muß nach den Umständen in jedem Spezialfalle besonders erwogen werden, ob der letzte Erwerbspreis eines Grundstückes den wirklichen Werth desselben angiebt, oder ob derselbe soweit in der Vergangenheit zurückliegt, daß es angemessen erscheinen möchte, den wahren Werth anderweit zu ermitteln. FMR. v. 24. Okt. 1870 III 16480 an d. Kreisgerichts-Kommission zu S. und zur Nachricht an d. Reg. in F.

e. Für die Berechnung des von dem Substanz-Erben zu entrichtenden Erbschaftsstempels ist allein der Werth der Gegenstände zur Zeit des Erbanfalls, und zwar auch dann maßgebend, wenn die Erbschaft durch den, einem Dritten daran konstituirten Nießbrauch beschwert ist, und wenn auch ein Nachlaß-Grundstück inzwischen zu einem höheren Preise verkauft worden (da die Vorschriften der §§. 367, 368 Tit. 9 Th. 1 ALR. über den sofortigen Erwerb einer dem Erben angefallenen Erbschaft weder durch §. 9 noch durch §. 16 des Stempelgesetzes vom 7. März 1822 alterirt werden). Erk. des OT. (I) v. 13. Juni 1864 (Entsch. B. 53 S. 293).

Das Königliche Ober-Tribunal hat in dem Erkenntnisse vom 13. Juni 1864 (s. vorigen Absatz) angenommen, daß ein Erbe, weil ihm sein Erbtheil mit dem Tode des Erblassers anfällt, gleichviel, ob dasselbe ihm erst später, etwa nach dem Aufhören eines darauf haftenden Nießbrauchs übergeben wird, auch nur den Werth desselben zur Zeit des Anfalls am Todestage zu versteuern hat, daß er durch die Erbschaft nur um diesen Werth reicher wird und daß ein bis zur Uebergabe etwa entstandener Mehrwerth keinen erbschaftlichen Erwerb bildet. Dieser Ansicht ist diesseits schon anderweit beigetreten worden. Es findet sich daher nichts dagegen zu erinnern, daß der Berechnung des Erbschaftsstempels in dem vorliegenden Erbfalle der Werth der zum Nachlasse gehörigen Objekte zur Zeit des Erbanfalls — 1837 — und nicht derjenige Werth zu Grunde gelegt wird, welcher den Interessenten bei der Beendigung des Nießbrauches im Jahre 1865 zugefallen ist. FMR. v. 19. Okt. 1866 III 21420 an d. Reg. in Pm.

L. Zu §. 13 des Gesetzes (gleichlautend mit §. 12 des Gesetz-Entwurfs).

35. Motive: „Die aus §. 4. c des Stempelgesetzes vom 7. März 1822 in §. 3. c der Verordnung vom 5. Juli 1867 [betr. die Erhebung der Erbschaftsabgabe in den neuen Landestheilen, GS. S. 1120] übernommene Vorschrift ist hinsichtlich der immerwährenden Nutzungen beibehalten, da die Kapitalisirung nach dem Satze von 5 Prozent auch jetzt noch zutreffend erscheint. Im Uebrigen haben sich die gedachten Vorschriften seit langer Zeit schon als durchaus unzulänglich erwiesen. Den vorgetretenen Mängeln hat nur zum geringsten Theile durch Verwaltungsanordnungen Abhülfe geschafft werden können. Es ist deshalb eine durchgreifende anderweite Regelung dieses Gegenstandes nothwendig, worauf sich die Vorschläge in den §§. 12 u. ff. [des Gesetz-Entwurfs, §§. 13 ff. des Gesetzes] beziehen. Vorab mag darauf hingewiesen werden, daß die vorzuschlagenden Normen ebensowohl auf die den Betrag der steuerpflichtigen Masse vermindernden Leistungen, als auf die in demselben einbegriffenen Nutzungen u. s. w. gleichmäßig Anwendung finden, und daß folglich ein rein fiskalisches Interesse nicht vorherrscht. Bei periodischen Nutzungen und Leistungen von unbestimmter Dauer bieten die obwaltenden Umstände oft genügende Anhaltspunkte für eine hinlängliche sichere Schätzung der muthmaßlichen Dauer. So z. B. wenn für die Zeit einer bestimmten Berufsstellung, oder eines sonstigen Verhältnisses, eine jährliche Rente ausgesetzt und die Dauer des betreffenden Verhältnisses zwar nicht absolut, aber doch regelmäßig auf einen sich gleichbleibenden Zeitraum begrenzt ist. In derartigen Fällen liegt keine Veranlassung vor, die Rücksichtnahme auf die wahrscheinlich längste Dauer der Nutzung oder Leistung auszuschließen, und die oft zu nicht gerechtfertigten Härten führende Regel der Kapitalisirung mit dem $12\frac{1}{2}$fachen des einjährigen Betrages festzuhalten".

M. Zu §. 14 Absatz 1 des Gesetzes (gleichlautend mit §. 13 Absatz 1 des Gesetz-Entwurfs).

36. Motive: „Bei Leibrenten, Nießbrauchs-Rechten und ähnlichen Nutzungen oder Leistungen, deren Dauer von der Lebenszeit des Berechtigten oder einer anderen Person abhängt, ist für die Schätzung des Werthes das schon erreichte Lebensalter der betreffenden Personen von allgemein anerkannter entscheidender Bedeutung. Die im §. 13 des Entwurfs vorgeschlagene Abstufung der Multiplikatoren ist, mit den für den vorliegenden Zweck dienlichen Abrundungen, den in bekannten Tabellen nachgewiesenen Werthen von Leibrenten 2c. für die verschiedenen Altersstufen nach Maßgabe der präsumtiven Lebensdauer angepaßt. Die Fassung der Bestimmung läßt keinen Zweifel darüber, daß die vorgeschriebene Schätzung sich ebensowohl auf den Fall bezieht, wo der Nießbrauch, die Rente u. s. w. erst letztwillig angeordnet sind, als auf den Fall, wo dieselben schon auf Grund früherer Disposition auf dem Nachlasse haften".

N. Zu §. 16 des Gesetzes (gleichlautend mit §. 15 des Gesetz-Entwurfs).

37. Motive: „Die einfache Zusammenrechnung der Jahres-Beträge bei Nutzungen und Leistungen auf eine bestimmte Reihe von Jahren ergiebt nicht den wirklichen Kapitalwerth für die maßgebende Zeit des Anfalles. Der gegenwärtige Werth der Nutzungen oder Leistungen künftiger Jahre ist vielmehr unter Annahme eines Zinsfußes von 5 Prozent durch Berechnung zu finden. Durch die Mittheilung einer geeigneten Tabelle wird diese Berechnung erleichtert werden. Daß der Maximalwerth einer gleichen immerwährenden Nutzung oder Leistung nicht überschritten werden kann, ist selbstverständlich. Für diejenigen nicht seltenen Fälle, in denen die auf bestimmte Zeit eingeschränkte Nutzung oder Leistung noch außerdem durch die Fortdauer des Lebens einer Person bedingt wird (z. B. bei einem bis zur Volljährigkeit eines Kindes vermachten Nießbrauche), tritt die Begrenzung durch den Maximalbetrag, welcher sich nach §§. 13 und 14 [des Gesetz-Entwurfs, §§. 14 und 15 des Gesetzes] bestimmt, hinzu".

O. Zu §. 18 und 19 des Gesetzes.

38. Der §. 18 des Gesetzes ist gleichlautend mit §. 17 des Gesetz-Entwurfs. Der §. 19 des Gesetzes hatte im §. 18 des Gesetz-Entwurfs folgende Fassung: „Trägt die Steuerbehörde Bedenken, die Werthangabe (§. 17 [des Gesetz-Entwurfs, §. 18 des Gesetzes]) als richtig anzunehmen, und findet eine Einigung hierüber mit den Steuerpflichtigen nicht Statt, so wird die Steuer nach dem von der Steuerbehörde ermittelten Werthe erhoben. Die Kosten der Werthsermittelung fallen dem Steuerpflichtigen zur Last, werden ihm jedoch erstattet, wenn im Verwaltungswege oder im Rechtswege (§. 40) die Ermäßigung der Steuer auf den, dem angegebenen Werthe entsprechenden Betrag erfolgt". — Die Motive zu diesen beiden §§. lauten: „Die Werthangabe des Steuerpflichtigen kann als zu niedrig beanstandet werden, ohne daß deshalb stets die Nothwendigkeit einträte, eine gerichtliche Taxe zu veranlassen, wozu in einzelnen Landestheilen überdies kaum die Möglichkeit gegeben ist. Die Steuerbehörde ist in vielen Fällen in der Lage, durch Benutzung anderer ihr zugänglicher Materialien (frühere Preise bei Veräußerungen, frühere Schätzungen, Preise gleichartiger Gegenstände, ermittelte Rein- und Nutzungs-Erträge für die Zwecke der Grund- und Gebäudesteuer-Veranlagung u. s. w.) ausreichende Information zu gewinnen, um unangemessene Werthangaben zu berichtigen. Insoweit es hieran fehlt, wird auf sachverständiges Gutachten zurückzugreifen sein, sofern nicht eine anderweite Einigung mit dem Steuerpflichtigen zu erzielen ist. Wie in denjenigen Fällen, wo der Steuerpflichtige einen geforderten Werthstempel oder die geforderte Erbschaftsabgabe in dem festgesetzten Betrage zu zahlen sich nicht verpflichtet glaubte, steht ihm nach §. 40 des Entwurfes [im Gesetz derselbe §.] auch ferner der Rechtsweg offen, falls seinen Einwendungen die verlangte Berücksichtigung bei den Verwaltungsbehörden versagt, oder die sofortige Anstellung der Klage von ihm vorgezogen werden sollte (vergl. Art. V Nr. 2 der Verordnung vom 16. Sept. 1867 GS. S. 1515 — s. S. 17 des Komm. Anm. 34. b). Die Vorschrift im §. 3. e der Verordnung vom 5 Juli 1867 [betr. die Erhebung der Erbschaftsabgabe in den neuen Landestheilen — GS. S. 1120], nach welcher der Werth von Bergwerks-Antheilen nach dem Gutachten der Ober-Berg-Aemter anzunehmen ist [ebenso nach §. 4. e des Stempelgesetzes vom 7. März 1822], erscheint überflüssig. Wenn der Werth von Bergwerks-Antheilen nicht anderweit feststeht, so wird allerdings auf sachverständiges Gutachten zurückgegangen werden müssen und als solches auch das Gutachten der Ober-Berg-Aemter dienen können, ohne daß es einer besonderen Bestimmung hierüber bedarf" [vergl. S. 72 des Komm. Anm. 3]. — Vergl. auch oben sub K Anm. 33.

P. Zu §. 23 Absatz 1 des Gesetzes (§. 22 des Gesetz-Entwurfs).

39. Statt der Eingangsworte im Gesetz „unsichere Forderungen" heißt es im Gesetz-Entwurf: „Forderungen, welche erweislich unsicher sind"; ferner sind die Worte im Gesetz „entsprechende Nachforderung oder Erstattung der Steuer" an die Stelle der Worte im Entwurf „entsprechende Steuernachforderung" getreten. Absatz 2 im §. 23 des Gesetzes fehlt im §. 22 des Entwurfs.

Motive: „§. 22 entspricht dem §. 2. c der Verordnung vom 5. Juli 1867 mit der keiner weiteren Rechtfertigung bedürfenden Modifikation, daß die Versteuerung hinsichtlich des von dem Steuerpflichtigen selbst angegebenen Werthes sofort erfolgen kann, wenn auch die Berichtigung des Werthansatzes vorbehalten wird. Was von unsicheren Forderungen verordnet wird, muß gleichmäßig auch von anderen, zur sofortigen Werthermittellung nicht geeigneten Gegenständen (streitigem Eigenthum u. dgl.) gelten". [Der citirte §. 2. c der für die neuen Landestheile erlassenen Verordnung vom 5. Juli 1867 (GS. S. 1120) bestimmt, gleichlautend mit §. 9. c des Stempelgesetzes vom 7. März 1822: „Unsichere Forderungen kommen mit einem muthmaßlichen Werthe in Rechnung, den der Erbe in Vorschlag bringt. Findet die Steuerbehörde den vorgeschlagenen Werth zu niedrig, so kann sie den Umständen nach auch die Erhebung der Erbschaftsabgabe (des Erbschaftsstempels) vom Betrage solcher Forderungen, bis zum Ausgange derjenigen Verhandlungen aussetzen, von welchen deren Bezahlung abhängt"].

Der Bericht der Kommission des Hauses der Abgeordneten lautet: „Zu §. 23 wurden zuzunächst die Worte: „welche erweislich unsicher sind" vom Referenten bemängelt, und vorgeschlagen, dafür zu setzen: „unsichere Forderungen". Der Regierungskommissar bemerkte, daß der Zusatz „erweislich" neu, und aufgenommen sei, um sofort erkennbar zu machen, daß nackte Behauptungen nicht genügen. Allseitig wurde anerkannt, daß ein strikter Beweis nicht verlangt werden dürfe. Um dies kenntlich zu machen, wurde von anderer Seite vorgeschlagen, zu sagen: „Forderungen, von denen der Steuerpflichtige behauptet und wahrscheinlich macht, daß sie unsicher". In Betreff dieses Punktes wurde schließlich der Vorschlag des Referenten angenommen. Eine längere Diskussion fand sodann darüber Statt, ob nach dem Vorschlage der Regierung dem Steuerpflichtigen eine Verpflichtung, überhaupt eine Werthsangabe zu machen, auferlegt werden könne, und ob der Steuerfiskus berechtigt sein solle, die Steuer nach dieser Werthsangabe zu berechnen, ohne seinerseits dieselbe anzuerkennen. Der Referent wollte eine solche Verpflichtung der Steuerpflichtigen nicht zugestehen und schlug vor, die ganze Steuer-Regulirung, wenn eine Einigung nicht stattfinde, auszusetzen. Von anderer Seite wurde diese Aenderung gebilligt, weil unter Umständen, namentlich bei „anderen zu sofortigen Werthsermittelungen nicht geeigneten Gegenständen", wohin nach der Auskunft des Regierungs-Kommissars auch streitige Forderungen zu rechnen, eine solche Werthsangabe häufig unmöglich, jedenfalls den Steuerpflichtigen nicht verwehrt werden könne, den Gegenstand als ganz werthlos zu bezeichnen, auch Werthsangaben als Vergleichsvorschlag in Erwartung der Annahme gemacht, und von dem Steuerfiskus mit dem Vorbehalt der Nachforderung angenommen und versteuert werden könnten, während sich später die gänzliche Werthlosigkeit des Gegenstandes herausstelle. Von dem Regierungs-Kommissar und aus der Mitte der Kommission wurde darauf Gewicht gelegt, daß die Verpflichtung des Steuerpflichtigen zu Werthsangaben eine ganz allgemeine und unbedingte sei, und daß, diese vorausgesetzt, der Steuerpflichtige auch an seine eigene Werthsangabe gebunden sein müsse. Um jedoch den Fall eines sich später ergebenden Minderwerths mit berücksichtigen zu können, wurde aus der Mitte der Kommission der Vermittelungs-Antrag gestellt, in der Regierungs-Vorlage an Stelle der Worte: „entsprechende Steuernachforderung" zu setzen: „entsprechende Nachforderung oder Erstattung der Steuer". Mit diesem und dem oben erwähnten Antrage des Referenten wurde schließlich der ganze Paragraph angenommen".

40. Frühere Entscheidungen in Betreff unsicherer Forderungen:

a. Der Vorschrift des §. 9 lit. c des Stempelgesetzes (s. oben in Anm. 39) kann, da sie der Steuerbehörde, falls sie den vom Erben vorgeschlagenen Werth unsicherer Aktiva zu niedrig findet, nur freistellt, den Umständen nach die Erhebung des Erbschaftsstempels vom Betrage solcher Forderungen bis zum Ausgange derjenigen Verhandlungen auszusetzen, von welchen deren Bezahlung abhängt, nicht die Deutung gegeben werden, daß die Steuerbehörde den Werth der ausstehenden Forderungen festzustellen, und danach, mit Vorbehalt der Rechte des Erben für den Fall eines ungünstigen Erfolges bei der Einziehung, den Erbschaftsstempel zu berechnen und einzuziehen befugt sei. Es kann von dem Erben vielmehr nur verlangt werden, daß er bestimmt angebe, welche Aktiva er für unsicher hält, und muß dann, insofern er gar keinen Werth angeben zu können behauptet, der Fall in der Erbschaftsstempel-Tabelle fortgeführt werden, bis auf die von Zeit zu Zeit von den Erben an Eidesstatt zu erfordernden Manifestationen sich ergiebt, ob die Aktiva sicher sind, ob sie insbesondere regelmäßig verzinset werden, und ob zu ihrer Einziehung Maßregeln nicht genommen sind. FMR. v. 1. Juni 1827 III 10510 an d. PStD. in Kg (SK.).

b. Die Anfrage anbelangend, ob die beiden von den Erben als uneinziehbar angegebenen Nachlaßforderungen von der Versteuerung ausgeschlossen bleiben können, so mögen Sie, wenn Sie von deren Werthlosigkeit Ueberzeugung genommen haben, in die Absetzung derselben von der Masse willigen, und so auch in künftigen Fällen verfahren. So lange aber die Uneinziehbarkeit nicht dargethan ist, muß die Versteuerung ausgesetzt und die Führung des diesfälligen Nachweises verlangt werden. FMR. v. 20. Dez. 1858 III 27717 an d. PStD. in S.

c. In der Nachlaßsache der im November v. J. verstorbenen Ehegattin des Amtsraths U. muß bei der Ansicht stehen geblieben werden, daß der U., welcher die Illaten der Erblasserin mit 37776 Thalern verschuldet und nunmehr deren Erbe geworden ist, gesetzlich diese ganze Summe zu 1 Prozent zu versteuern habe, indem die Vorschrift im §. 9. c des Stempelgesetzes vom 7. März 1822 (s. oben in Anm. 39) hier nicht Platz greift. Unsichere Forderungen, von denen in dieser gesetzlichen Vorschrift die Rede ist, setzen einen Nachlaßschuldner voraus, von welchem der Erbe keine oder keine vollständige Befriedigung glaubt erlangen zu können. Im vorliegenden Falle aber ist Schuldner und Erbe dieselbe Person und die Berichtigung der vollen Schuld von selbst dadurch bewirkt, daß der bisherige Schuldner nun auch Gläubiger geworden ist 2c. FMR. vom 24. Dez. 1859 III 28786 an d. Reg. in F.

d. Die beiden Forderungen des Nachlasses an den K. von 686 Thalern und an den S. von 1200 Thalern sind als uneinziehbar außer Versteuerung gelassen. Da jedoch diesen Schuldnern nach dem Testamente des Erblassers Legate in Höhe von 300 resp. 200 Thalern vermacht sind, wegen deren sie durch Ueberweisung eines Theils der Forderungen des Nachlasses an sie ihre Befriedigung erhalten haben, so werden diese beiden Ausstände mindestens in Höhe der Legate dem Nachlasse hinzutreten und versteuert werden müssen. Es sind daher zu 8 resp. 4 Prozent 28 Thaler Erbschaftsstempel nachträglich aus der Nachlaßmasse, welche für den ganzen Stempel verhaftet ist (§. 16 des Stempelgesetzes vom 7. März 1822), zu lösen. Rev.-Prot. des FM. v. 24. Jan. 1862, betr. die Erbsch.-Stemp.-Tabellen im Bezirk des Appell.-G. zu Stettin für das 1. Tertial 1861, Mon. 9.

Q. Zu §. 25 Absatz 1 und 2 des Gesetzes (§. 24 des Gesetz-Entwurfs).

41. Motive: „2c. Die anderweite, im § 13 des Entwurfs [§. 14 des Gesetzes] vorgeschlagene Werthbestimmung der lebenslänglichen Nutzung ebnet den Weg, um den einfachen Grundsatz durchzuführen, daß bei sofortiger Versteuerung der für die Nutzung berechnete Werth von dem vollen Werthe des Gegenstandes in Abzug gebracht und nur für den Rest von dem Substanzerben die Steuer zu entrichten ist. Eine Unterscheidung eintreten zu lassen, je nachdem das Nutzungsrecht erst durch letztwillige Verordnung konstituirt ist, oder schon vorher bestand, liegt keine Veranlassung vor. Der zweite Satz des §. 24 [des Entwurfs, §. 25 Absatz 2 des Gesetzes] regelt die Behandlung der gewöhnlichen fideikommissarischen Substituten in Uebereinstimmung mit den seit jeher in der Praxis herrschenden Grundsätzen".

42. Frühere Entscheidungen in Betreff fideikommissarischer Substitutionen auf den Ueberrest:

a. Der hinterbliebenen Wittwe ist der Nießbrauch des ganzen Nachlasses mit der Berechtigung, auch über die Substanz zu verfügen, vermacht. Was nach ihrem Tode noch vorhanden sein wird, fällt an Seitenverwandte. Unter diesen Umständen mußte die Wittwe, wie geschehen, den Substanz-Stempel entrichten. Dagegen durfte von den fideikommissarisch substituirten Seitenverwandten ein Erbschaftsstempel zur Zeit nicht erlegt werden, da es ganz unbestimmt ist, was sie dereinst erben werden. Eine Ermäßigung der ihnen dereinst erst zufallenden Erbtheile nach dem Reskript vom 4. Sept. 1837 [CB. 1859 S. 144, v. K.A. B. 21 S. 621] ist unzulässig. Rev.-Prot. des FM. v. 9. Febr. 1857, betr. die Erbsch.-Stemp.-Tab. im Bezirk des Appell.-G. zu Greifswald für d. 3. Tertial 1854, Mon. 3.

b. Nach den gesetzlichen Vorschriften ist der Erbschaftsstempel von demjenigen Betrage zu entrichten, um welchen der Erbe durch den Anfall der Erbschaft reicher geworden ist. Bei der unbeschränkten Dispositions-Befugniß, welche Ihnen durch das Testament vom 22. Dez. 1844 über den ganzen Nachlaß Ihrer verstorbenen Ehegattin eingeräumt worden, kann aber nicht wohl verkannt werden, daß die zuvor erwähnte Bedingung in Bezug auf den ganzen Nachlaß zutrifft. Ohne Einfluß erscheint hierbei die Bestimmung, daß das Testament im Falle Ihrer etwaigen Wiederverheirathung seine Gültigkeit verlieren soll, da die Verpflichtung zur Berichtigung des Erbschaftsstempels lediglich durch den Erbschaftsantritt bedingt ist, überdies aber jene Bestimmung nur einen Fall zum Gegenstande hat, dessen Verwirklichung oder Beseitigung von Ihrer eigenen Entschließung abhängig ist. Hiernach kann dem Gesuche, daß der Erbschaftsstempel nur von dem vierten Theile des Nachlasses erhoben werde, nicht entsprochen werden. FMR. v. 31. März 1849 III 6371 an d. R. und zur Nachricht an d. Reg. in F.; der Antragsteller hatte geltend gemacht, daß, falls er zur anderweitigen Ehe schreite, er nach dem Testamente verpflichtet sei, seinen drei Kindern die diesen angefallenen drei Erbschaftsantheile herauszuzahlen resp. sicherzustellen, daß daher nicht der ganze Nachlaß, sondern nur der vierte Theil desselben zu seinem unbeschränkten Eigenthum gehöre.

c. Auf Grund der letztwilligen Anordnung der Erblasserin erscheint der Wittwer berechtigt, bis zu seiner Wiederverheirathung den Nachlaß zu verbrauchen. Ob er von dieser Befugniß wirklich Gebrauch macht oder nicht, ist auf die Steuerfrage ohne Einfluß. Es bewendet hiernach bei der erfolgten Lösung des Substanzstempels vom ganzen Nachlaß Seitens des Wittwers. Rev.-Prot. des FM. v. 28. Dez. 1870, betr. die Erbsch.-Stemp.-Tabellen im Bezirk des Appell.-G. zu Frankfurt a. d. O. für das 3. Tertial 1869, Mon. 79; in dem Testamente hatten die Eheleute angeordnet, daß der Ueberlebende und das erzeugte Kind und die noch zu zeugenden Kinder den ganzen Nachlaß des zuerst Versterbenden überkommen sollen; der überlebende Ehegatte soll jedoch, so lange er nicht zur zweiten Ehe schreitet, in welchem Falle eine Erbtheilung eintreten muß, in unbeschränktem Gebrauch und uneingeschränkter Benutzung der ganzen Verlassenschaft bleiben, und es sollen das Kind oder die Kinder erst nach dem Tode des zuletzt Versterbenden das alsdann noch vorhandene beiderseitige Vermögen erhalten.

d. Die hinterbliebene Wittwe P. ist, da nach dem Testament nur dasjenige den substituirten Erben zufallen soll, was nach dem Tode der Wittwe von dem Nachlasse noch vorhanden sein wird, als Substanz-Erbin anzusehen, und hat den Substanz-Erbschaftsstempel zu entrichten, wogegen die substituirten Erben zur Zeit weder einen Erbschaftsstempel zu lösen noch sicher zu stellen haben. Daß die Wittwe, nachdem der Erblasser bereits am 6. März verstorben war, am 14. August desselben Jahres ihrem Erbrechte theilweise entsagt hat, indem sie sich nicht als Substanz-, sondern als Nießbrauchs-Erbin betrachtet wissen will, darauf läßt sich kein Gewicht legen, indem der Erbanfall für die Verpflichtung zur Stempellösung entscheidend ist. FMR. v. 24. Okt. 1858 III 23816 an d. PStD. in S. — Vergl. oben Anm. 26. c, d.

e. Bei der testamentarischen Anordnung der Erblasserin, wonach ihre Schwester als Nießbrauchserbin, wenn sie Noth leiden sollte, auch berechtigt ist, die Substanz für sich zu verwenden, ist der Substanz-Erbschaftsstempel mit Recht erhoben. Dagegen war von der dieser substituirten Erbin zur Zeit noch kein Erbschaftsstempel zu erlegen. FMR. v. 7. Aug. 1858 III 17557 an d. PStD. in S.

f. Bei einer gemeinrechtlichen fideikommisssarischen Substitution auf den Ueberrest — fideicommissum ejus quod superfuturum erit — ist der Fiduciar als Substanz-Erbe anzusehen. Auch kommt für die Berechnung des Erbschaftsstempels nicht derjenige Betrag, über welchen der Fiduciar wirklich disponirt, in Betracht, sondern es ist derselbe um diejenigen drei Viertheile des Nachlasses, über welche er nach gemeinem Recht unter Lebenden wie ein wahrer Eigenthümer disponiren darf, im Sinne des §. 9. a des Stempelgesetzes vom 7. März 1822 wirklich reicher geworden. Erk. des OT. (I) v. 24. Mai 1872 (Entsch. B. 67 S. 167, Str. A. B. 85 S. 172). In dem diesen Fall betreffenden, in 2. und 3. Instanz bestätigten Erkenntnisse 1. Instanz heißt es u. A.: gehe die Restitutionspflicht nur auf den Ueberrest, so könne der Fiduciar drei Viertel der Erbschaft nach Belieben verbrauchen und sei nur verpflichtet, dem Fideikommissar ein Viertel übrig zu lassen, dürfe aber selbst letzteres im Falle der Noth für sich verbrauchen. Bei dieser rechtlichen Stellung und ausgedehnten Dispositionsbefugniß des Fiduciars, welche in Ansehung des Klägers durch die Einräumung der freien und uneingeschränkten Disposition unter Lebendigen über die Substanz noch erweitert sei, treffe die Ansicht des Klägers, daß er nur als Nießbraucher des Muttererbtheiles seiner Kinder anzusehen sei, in keiner Weise zu; der Kläger sei vielmehr durch den Empfang der Erbschaft mindestens um den Betrag von drei Viertheilen derselben wirklich reicher geworden, da er diese Quote der Erbschaft beliebig verbrauchen dürfe. Er habe also nach den §§. 9. a und 16 des Stempelgesetzes vom 7. März 1822 von diesem Theile des Nachlasses die tarifmäßige Erbschaft-Stempel-Steuer und zwar jetzt schon zu entrichten und ein Mehreres sei von ihm nicht gefordert worden. — In den Entscheidungsgründen des Ober-Trib. heißt es alsdann noch: Es kann dahingestellt bleiben, ob nach gemeinem Rechte der Fiduciar bei einer nicht auf den Ueberrest beschränkten fideikommissarischen Substitution als wirklicher Eigenthümer des Nachlasses anzusehen ist, obwohl auch die Bejahung dieser Frage bei den neueren Schriftstellern auf kein Bedenken stößt (Arndt's Pandekten 5. Aufl. §. 584). Jedenfalls unterliegt bei einem fideicommissum ejus, quod superfuturum erit die Eigenschaft des Fiduciars als Substanz-Erben nicht dem geringsten Zweifel. Die Novelle 108, welche speziell von einer solchen fideikommissarischen Substitution handelt, sagt ausdrücklich: „daß der mit dem Fideikommisse Beschwerte den Erbtheil, auf welchen er eingesetzt worden, blos bis zur Falcidia aufbewahren müsse und durchaus nichts davon, d. h. von der Falcidischen Quart vermindern dürfe; denn es sei hinreichend, wenn der Erbe drei Theile habe, dem Anderen aber blos der vierte Theil hinterlassen werde". In Betreff der Dispositionsbefugniß aber, welche die Novelle 108 im Kap. 1 dem Fiduciar über die erwähnten drei Viertheile einräumt, heißt es daselbst: „daß alles Uebrige (nämlich bis auf die Falcidia) in seiner Gewalt bleibe, so daß er die Befugniß habe, sich desselben nach Belieben zu bedienen, wie dies den wahren Eigenthümern (perfectis dominis) zukomme". 2c. Im vorliegenden Falle steht nun unangefochten fest, daß der Erbschaftsstempel nur von drei Vierteln des Nachlasses berechnet und vom Kläger eingefordert worden ist. Daß Kläger um diese drei Viertheile des Nachlasses im Sinne des §. 9. a des Stempelgesetzes vom 7. März 1822 wirklich reicher geworden, kann mit Rücksicht auf die demselben im Testament eingeräumte Dispositionsbefugniß nicht bezweifelt werden. 2c.

R. Zu §. 27 Absatz 3 des Gesetzes (gleichlautend mit §. 26 Absatz 3 des Gesetz-Entwurfs).

43. Motive: „Die Schlußbestimmung rechtfertigt sich durch die rechtliche Stellung des Universal-Fideikommissars, welche derjenigen eines Erben in den hier fraglichen Beziehungen fast ganz gleicht, und durch die eigenthümlichen Gestaltungen des Rheinischen Erbrechts (Bürgerl. Gesetzbuch III. Buch 2. Tit. 4. und 5. Abschnitt)".

44. Beim Mangel ausdrücklicher Bestimmungen über die Entrichtung des Erbschaftsstempels, in einem Erbschaftskaufvertrage, liegt dieselbe dem Erbschaftskäufer ob, und kann der Verkäufer, wenn er nach Abschluß des Vertrages den Erbschaftsstempel dem Fiskus hat entrichten müssen, von dem Käufer die Erstattung fordern. Erk. des OT. (I) v. 7. Juni 1847 (Rechtsfälle des OT. B. 1 S. 207, Präj. des OT. S. 343); aus den Erk.-Gründen: Die S'schen Erben haben den ihnen angefallenen Nachlaß in Pausch und Bogen an den G. verkauft. Der Erbschaftsstempel war damals noch nicht berichtigt; er wurde erst hinterher von der einen Miterbin, die im Besitze des Nachlasses war, eingezogen. Diese fordert nun auf den Betrag ihres Antheils die Erstattung von dem Erbschaftskäufer. In dem Vertrage war darüber ein Besonderes nicht verabredet. Der Appell.-Richter hielt die Erstattungspflicht des Erbschaftskäufers in den Vorschriften des ALR. Th. 1 Tit. 11 §§. 447, 454, 456 begründet; der Käufer trete in alle Rechte und Pflichten des Erben; zu diesen Verpflichtungen gehöre auch die, den Erbschaftsstempel zu bezahlen; dieser hafte auf der Masse (§§. 9, 16 des Stempelgesetzes vom 7. März 1822), es sei also eine gesetzlich von der Erbschaft zu entrichtende Abgabe; das Recht der Erbschaftsgläubiger, zu denen in Beziehung auf den Stempel auch der Fiskus gehöre, werde durch den Erbschaftskauf nicht geändert; derselbe könne sich deshalb nach Belieben an den Käufer oder an den Erben halten, wenn er aber letzteres thue, dürfe der Erbe von dem Käufer Vertretung fordern (§§. 462, 463, 466 a. a. O.). Das Ober-Tribunal erachtete die vom Appell.-Richter allegirten Gesetze als richtig angewendet, und führte noch aus: da nach §. 16 des Gesetzes wegen der Stempelsteuer für den Erbschaftsstempel die ganze Masse verhaftet sei, so sei die Ansicht des Imploranten, daß hier von einer *persönlichen* Verpflichtung des Erben die Rede sei, nicht richtig. Aber auch, wenn diese Voraussetzung richtig wäre, würde sie nicht dem Imploranten zu gut kommen, weil nach §. 468 a. a. O. der Käufer nur für solche dem Erben in Beziehung auf den Nachlaß obliegenden *persönlichen* Leistungen *nicht* hafte, die nicht nach Gelde zu schätzen seien. Auch was Implorant gegen die Anwendung des §. 456 erinnere, treffe nicht zu. Es lägen zwei ganz von einander verschiedene Akte vor: zunächst die Erbschaft, und hiernächst der Erbschaftskauf. In Beziehung auf jene finde zwischen dem Erblasser und dem Erbschaftskäufer gar kein Rechtsverhältniß Statt, also bleibe des Letzteren Verwandtschaft oder Nichtverwandtschaft dabei ganz außer Einfluß auf die Bestimmung des Erbschaftsstempels; diese regulire sich vielmehr nach dem Verwandtschaftsverhältniß des Erben. Damit stehe aber nicht in Widerspruch, daß der Erbschaftskäufer, eben weil er ganz in die Verpflichtungen des Erben und in die der Masse *eintrete*, auch für die dem einen und dem anderen obliegende Pflicht für Entrichtung des Erbschaftsstempels, eben sowohl dem Fiskus, als dem Erben und Verkäufer gegenüber verhaftet bleibe. Der §. 9. a des Stempelgesetzes: „der Erbschaftsstempel wird nur von demjenigen Betrage gezahlt, um den der Erbe durch den Empfang der Erbschaft wirklich *reicher wird*", diene nur zur Berechnung des Erbschaftsstempels, ändere aber das Grundverhältniß nicht, wonach der Erbe der eigentlich Zahlungspflichtige sei, der Erbschaftskäufer aber in Kraft des Vertrages in dessen Stelle trete.

S. Zu §. 28 des Gesetzes (§. 27 des Gesetz-Entwurfs).

45. Im Gesetz-Entwurf stehen im Eingange dieses §. die Worte „Inhaber der Erbschaft". In dem Bericht der Kommission des Hauses der Abgeordneten heißt es: „In diesem §. wurde eine ganz anomale Ausdehnung der Haftpflicht gefunden, und die Streichung der Worte: „Inhaber der Erbschaft, gesetzliche Vertreter und Bevollmächtigte der Erbinteressenten" beantragt. In Betreff des Wortes „Inhaber" bemerkt der Regierungs-Kommissar, daß man demselben allerdings eine sehr weite Bedeutung beilegen könne, daß es sich praktisch aber eigentlich nur um Nießbraucher und deren Erben handle; die Bestimmung sei übrigens nur eine Konsequenz des §. 27 [des Entwurfs — §. 26 des Gesetzes], und habe eine 50jährige Praxis Beschwerden über die Anwendung der Grundsätze des Paragraphen, welcher nur „gesetzliche Vertreter" neu aufgenommen, nicht ergeben. Bei der getrennt vorgenommenen Abstimmung wurde beschlossen, die Worte „Inhaber der Erbschaft" zu streichen, dagegen die Worte „gesetzliche Vertreter und Bevollmächtigte der Erbinteressenten" beizubehalten".

46. Zur größeren Sicherstellung des steuerlichen Interesses hatte der Gesetz-Entwurf noch hinter §. 45 des Gesetzes unter dem Rubrum „Verpflichtungen anderer Behörden und Beamten" folgenden §. 46 aufgenommen:

„Außer den Steuerbehörden haben alle diejenigen Staats- und Kommunalbehörden und Beamten, welchen eine richterliche oder Polizeigewalt anvertraut ist, die Verpflichtung, alle bei ihrer Amtsverwaltung zu ihrer Kenntniß kommenden Zuwiderhandlungen gegen dieses Gesetz bei dem zuständigen Erbschaftssteuer-Amte zur Anzeige zu bringen.

Kein Richter oder Notar darf bei eigener Vertretung der Erbschaftssteuer für Erben, Vermächtnißnehmer oder Beschenkte in Bezug auf ihnen zugefallene Erbschaften, Vermächtnisse oder Schenkungen von Todes wegen eine Handlung der freiwilligen Gerichtsbarkeit vornehmen, bevor nicht nachgewiesen worden, daß entweder die Erbschaftssteuer bereits berichtigt, oder daß das zuständige Erbschaftssteuer-Amt von der vorzunehmenden Handlung spätestens am zehnten Tage vor deren Vornahme unterrichtet sei, oder in die Vornahme gewilligt habe".

Nach dem Beschlusse der Kommission des Hauses der Abgeordneten ist jedoch dieser §. gestrichen. In dem Bericht der Kommission heißt es: „Zu §. 46 der Regierungs-Vorlage wurde zum ersten Absatze bemerkt, daß die ganze Bestimmung mehr in eine Instruktion für die betreffenden Behörden, als in dieses Gesetz zu gehören scheine. Auch der zweite Absatz wurde zunächst in seiner Gesammtheit beanstandet, weil es sich nicht rechtfertige, Richter und Notare bei eigener Haftbarkeit zu nöthigen, bei allen möglichen Rechtsgeschäften, welche Gegenstände einer Erbschaft rc. betreffen, stets erst nach der Quittung über die gezahlte Erbschaftssteuer zu fragen, dies vielmehr sowohl für die genannten Beamten, als für den gesammten Verkehr eine unerträgliche Belästigung sei. Dieser Antrag wurde von einer Seite mit dem Bemerken unterstützt, daß auch bisher diese Vorschrift so gut wie unpraktisch geblieben sei, was freilich von anderer Seite wieder bestritten wurde. Der Regierungs-Kommissar berief sich auf die 50jährige Praxis, und daß erhebliche Beschwerden hierüber nicht bekannt geworden; auch müsse auf Beibehaltung dieser Vorschrift Werth gelegt werden, da sie wesentlich zur Sicherung der Steuer, namentlich ausländischen Erben gegenüber beitrage rc.".

T. Zu §. 30 Absatz 2 des Gesetzes (§. 29 Absatz 2 des Gesetz-Entwurfs).

47. Die hinter dem Wort „Verpflichtete" befindlichen Worte „wenn er in Europa sich aufhält" sind nach dem Beschluß der Kommission des Hauses der Abgeordneten zugesetzt. Im Kommissions-Bericht heißt es sodann noch: „Von verschiedenen Seiten wurde bemerkt, daß die im Entwurfe aufgestellte Vermuthung keine solche sein könne, welche durch strikten Beweis zu widerlegen sei; die Staatsbehörde werde die gegen die Vermuthung Seitens der Steuerpflichtigen geltend gemachten Thatsachen berücksichtigen müssen. Daß die Vermuthung in dem Falle, wenn sich der Steuerpflichtige außer Europa aufhält, im Allgemeinen nicht zutreffe, wurde nur vom Regierungs-Kommissar in Abrede gestellt".

U. Zu §. 33 Absatz 1 und 2 des Gesetzes (resp. des Gesetz-Entwurfs).

48. Nach dem Beschluß der Kommission des Hauses der Abgeordneten ist im §. 33 Absatz 1 an die Stelle des im Gesetz-Entwurf gebrauchten Ausdrucks „Nachweisung", welcher in vielen Landestheilen eine andere Bedeutung habe, und deshalb zu Mißverständnissen Veranlassung gebe, das Wort „Verzeichniß" gesetzt. Sodann enthält der Gesetz-Entwurf in demselben Absatz am Schluß zwischen dem Wort „Verhältnisse" und den Worten „zu verbinden und einzureichen" die Einschaltung: „insbesondere der Verwandtschaftsverhältnisse und der die Werthberechnung bestimmenden Umstände — §. 11 u. ff. [des Gesetz-Entwurfs, §. 12 u. ff. des Gesetzes] — unter Beifügung der bezüglichen Bescheinigungen (Geburts-, Trau- und Todtenscheine u. s. w.)". Diese Worte sind nach dem Beschluß der Kommission gestrichen, da die Beibringung der Kirchenzeugnisse in der Mehrzahl der Fälle völlig entbehrlich, und für die Betheiligten mit Kosten verknüpft sei. —

Die Worte im Absatz 2 „und muß insbesondere gewährt werden, wenn der Berufene den Anfall noch nicht erworben hat und dies anzeigt" fehlen im Gesetz-Entwurf und sind nach dem Beschluß der Kommission mit Rücksicht darauf hinzugefügt, daß, da sowohl im Gebiete des gemeinen, als des französischen Rechts der Erwerb der Erbschaft resp. des Legats lediglich von der Annahme abhängig sei, der Mangel jeder Bestimmung im Falle der Zögerung mit der Annahme eine Lücke sein würde. Der Regierungs-Kommissar hatte hierbei bemerkt, daß durch die Fristbestimmung im Gesetz-Entwurf nach der Ansicht der Regierung auch der Fall, wenn im Gebiete des gemeinen Rechts der Erbe oder Legatar mit der Annahme der Erbschaft oder des Legats zögere, habe getroffen werden sollen.

V. Zu §. 36 des Gesetzes (resp. des Gesetz-Entwurfs).

49. Motive: „Die dem Erbschaftssteuer-Amt obliegende Prüfung und eventuelle Berichtigung der eingereichten Nachweisung und Deklaration läßt sich nicht mit Erfolg ausführen, wenn dem Erbschaftssteuer-Amte nicht die Befugnisse beigelegt werden, welche im §. 36 normirt sind. Es versteht sich von selbst, daß der zur Vorlegung der Nachweisung und Deklaration Verpflichtete auch die gegen dieselben gezogenen Erinnerungen zu beantworten und die Mängel zu ergänzen oder zu berichtigen hat. Dem Erbschaftssteuer-Amt kann auch nicht das Recht vorenthalten werden, sich an die einzelnen Miterben, Vermächtnißnehmer u. s. w. direkt zu wenden, um die bessere Information, welche sie etwa zu ertheilen vermögen, zu erlangen. Ferner muß es ihm zustehen, von den, den Nachlaß bezw. Anfall betreffenden Urkunden, mindestens in dem Umfange, welchen der Entwurf bezeichnet, Einsicht zu nehmen. Endlich läßt sich einer willfährigen und prompten Erledigung der desfallsigen Anforderung keineswegs immer in dem Maße vertrauen, daß davon Umgang genommen werden könnte, das Erbschaftssteuer-Amt mit der Befugniß zur Verfügung exekutivischer Ordnungsstrafen gegen Säumige oder Widerwillige auszurüsten. Der Ausweg, das Erforderliche auf Kosten des Säumigen anderweit zu beschaffen, kann nur unter besonderen Umständen zum Ziele führen".

In Beziehung auf den in der Kommission des Hauses der Abgeordneten gestellten Antrag auf Abstandnahme von dem, der Steuerbehörde in Alinea 3 des §. 36 eingeräumten Ordnungsstrafrecht heißt es in dem Bericht dieser Kommission: „Der Antragsteller ging von der Ansicht aus, daß bei der Verpflichtung des Steuerpflichtigen zur Auskunft oder zur eidesstattlichen Versicherung desselben ein Ordnungsstrafrecht der Steuerbehörde entbehrlich, und deshalb nicht empfehlenswerth sei. Der Regierungs-Kommissar hält dies nicht für zutreffend, insbesondere in Beziehung auf Beschaffung von Urkunden; das Recht, Ordnungsstrafen festzusetzen, wird als ein Theil des Rechts zur executio ad faciendum für unentbehrlich erklärt; auf Anfrage bemerkt er noch, daß der Entwurf die Wiederholung der Ordnungsstrafe bei dem Maximum von 20 Thalern für zulässig erachtet habe. Nachdem diesen Ausführungen sowohl in Betreff der Nothwendigkeit des Strafrechts, als in Betreff der Ausdehnung desselben auf die executio ad faciendum widersprochen worden, wurde der Antrag abgelehnt".

W. Zu §. 38 des Gesetzes Absatz 1 und 2 (resp. des Gesetz-Entwurfs).

50. Motive: „§. 38 ertheilt der Finanz-Verwaltung die Ermächtigung zur Gestattung von Aversionalversteuerungen (§. 2. d der Verordnung vom 5. Juli 1867 — s. unten Anm. 51. a). Es muß darauf verzichtet werden, die Voraussetzungen, unter denen die Aversionalversteuerung zuzulassen, in dem Gesetze zu spezialisiren. Selbstverständlich können blos subjektive Bedenken des Steuerpflichtigen gegen die vollständige Nachweisung des Nachlasses nicht entscheidend sein und doch läßt sich auch deren Berücksichtigung nicht immer ohne Härte abweisen. Die Aversionalversteuerung ist überhaupt nicht blos als eine Erleichterung der Formalitäten für den Erben aufzufassen, ihre Zulassung liegt unter Umständen ebenso sehr im Interesse des Fiskus, weil sie das Mittel darbietet, weitaussehenden Ermittelungen und Differenzen, wie sie von einer genauen Nachweisung der einzelnen Bestandstheile und des Werthes eines Nachlasses unzertrennlich sein würden, zuvorzukommen oder ein Ende zu machen, nach Art eines Vergleiches. Der Entwurf gedenkt ausdrücklich der in derselben Richtung liegenden Ermächtigung, auch solche Fälle, deren Versteuerung sonst noch ausgesetzt bleiben müßte, zur sofortigen Aversionalversteuerung zu verstatten, weil es sowohl dem Steuerpflichtigen als der Steuerverwaltung erwünscht sein muß, einerseits die Belastung mit der Sicherstellung des Anspruches zu vermeiden, oder die fortdauernde Haftung der Masse für die Steuern zu beseitigen, und andererseits die Nothwendigkeit einer langjährigen, nicht immer leichten, meist auch andere Behörden und Beamten in Anspruch nehmenden Kontrole des Steuerfalles und der späteren Wiederaufnahme von Verhandlungen überhoben zu sein, die zweckmäßiger und ohne materiellen Nachtheil für das Steuerinteresse sogleich zum Abschluß gebracht werden. Nach der Fassung des Entwurfs kann endlich kein Zweifel darüber bleiben, daß die Zulässigkeit der Aversionalversteuerung sich nicht nur auf den ganzen Nachlaß bezieht, sondern ebensowohl nach Beschaffenheit der Verhältnisse für einzelne Theile zur Anwendung kommen kann, rücksichtlich deren die Einigung über ein Pauschquantum beziehungsweise die Abstandnahme von der Spezialisirung des Bestandes und Werthes erforderlich erscheinen mag, während die genaue Offenlegung des übrigen Nachlasses keinen Anstand findet.

Der letzte Satz des §. 38 entspricht der bisherigen Vorschrift: „Wenn die Kinder eines überlebenden Ehegatten mit demselben die Gütergemeinschaft fortsetzen, so ist während der Dauer dieses Verhältnisses keine Veranlassung zur Erhebung der Erbschaftsabgabe vorhanden — §. 5 u. f. der Verordnung vom 5. Juli 1867 [ebenso im Geltungsgebiet des Stempelgesetzes v. 7. März 1822, s. unten Anm. 52. a]“, indem er dieselbe für die nach Abschaffung der Erbschaftssteuer des überlebenden Ehegatten für den nach praktischen und für gewisse Landestheile, z. B. in der Provinz Schleswig-Holstein wichtigen Fall des Ablebens eines von mehreren Kindern während der Dauer der fortgesetzten Gütergemeinschaft aufrecht erhält“.

51. Frühere Bestimmungen bezüglich der Aversional-Versteuerung:

a. Der §. 2. d der für die neuen Landestheile erlassenen Verordnung vom 5. Juli 1867, betreffend die Erhebung der Erbschaftsabgabe (GS. S. 1120), gleichlautend mit §. 9. d des Stempelgesetzes vom 7. März 1822, bestimmt: „Erben, welche Bedenken tragen, den Werth des Nachlasses durch Vorlegung eines Inventariums nachzuweisen, soll auch gestattet sein, ein Aversionalquantum für die Erbschaftsabgabe anzubieten, dessen Annahme das Finanzministerium nachgeben darf, wenn das Anerbieten dem wahrscheinlichen Werthe der angefallenen Erbschaft angemessen ist“.

b. Die Bestimmung im §. 9 lit. d des Stempelgesetzes gewährt die Vergünstigung wegen des Aversionalstempels nicht blos Kaufleuten und solchen, welche kaufmännische Geschäfte treiben, sondern Jedermann, der Bedenken trägt, den Werth des Nachlasses durch Vorlegung eines Inventariums nachzuweisen, und macht die Genehmigung nur davon abhängig, daß das Anerbieten dem wahrscheinlichen Werthe der angefallenen Erbschaft angemessen sei. Nun tritt aber von selbst hervor, daß der Zweck dieser Bestimmung vereitelt werden würde, wenn man von demjenigen, der ein Aversionalquantum statt des Erbschaftsstempels anbietet, zwar kein formelles Inventarium, aber dennoch die Angabe des Werths der Erbschaft nach den einzelnen Rubriken eines Inventariums an Aktiv- und Passivvermögen, und, in Stelle der speziellen Spezifikation der Nachlaßstücke, die eidesstattliche Versicherung der Richtigkeit dieser Angaben verlangen wollte, da auf diese Weise der Erbe ja ebenfalls gezwungen würde, den Werth des Nachlasses anzugeben, wogegen er gerade Bedenken trägt. Das Gesetz schreibt keine Form vor, wonach die Prüfung der Angabe stattfinden soll; es ist der Behörde vertraut, daß sie, ohne spezielle Werthsangabe vom Erben zu verlangen, im Stande sein werde, nach den Umständen und auf angemessene Weise anzustellenden Erkundigungen ein Urtheil darüber zu fällen, ob das Angebot dem wahrscheinlichen Werthe angemessen sei. Sie wird also vor allen Dingen die Person des Anbietenden in Betracht zu ziehen haben. Ist derselbe ein als rechtlich und zuverlässig in seinem bürgerlichen Leben bekannter Mann, dem man nicht zutrauen kann, daß er bei seinem Angebot betrügliche Absicht habe, so wird darauf gebauet werden können. Zwar wird hierdurch nicht ausgeschlossen, über Zweifel, was zu einem Nachlasse gehöre, nähere Auskunft zu verlangen; Werthsangaben aber, woraus der Vermögenszustand offen gelegt wird, sollen in diesem Verfahren vermieden werden. Die Behörde kann und muß sich allerdings den Ueberschlag machen, welcher Erbschaftswerth dem Gebote entsprechen würde; 200 Thaler Erbschaftssteuer vom Nießbrauch zu 1 Prozent würden z. B. auf eine Erbmasse von 32,000 Thalern schließen lassen, also auf ein Gesammtvermögen beider Eheleute von 64,000 Thalern. Ohne Zweifel werden Steuerbeamte oder sonstige amtliche Personen in der Nähe des Erblassers beurtheilen können, ob das präsumtive Vermögen bedeutend höher anzunehmen, oder die Angabe für richtig zu halten sei. Aus diesem Gesichtspunkte sind dergleichen Angebote zu behandeln. FMR. v. 22. Juni 1835 III 14480 an d. PStD. in M. (GK.).

c. Wird ein Aversional-Quantum für den Erbschaftsstempel angeboten, so berechtigt das Gesetz nicht, eine Erhöhung desselben festzusetzen. Auf das Anerbieten des Erben ist keine weitere Entscheidung zu erwarten, als: ob dasselbe anzunehmen oder die vorschriftsmäßige Manifestation des Nachlasses zu verlangen sei. Geht das Erbieten zu einem namhaft zu machenden Aversional-Quantum ein, so hat über dessen Annehmbarkeit die Provinzial-Steuerbehörde motivirt zu berichten. FMR. v. 16. März 1831 III 5444 an d. Reg. in F.

d. Das Aversum darf sich nach §. 9. d des Stempelgesetzes nur auf den von den Erben selbst zu entrichtenden Erbschaftsstempel erstrecken; die Stempel von ausgesetzten Vermächtnissen, gleichviel ob diese den Erben oder anderen Personen zugefallen sind, müssen dagegen speziell zur Versteuerung kommen, und läßt sich darauf das Aversum nicht beziehen. FMR. v. 21. Juni 1851 III 13029 an d. PStD. in D.

e. Nach dem Gesetz vom 7. Juli 1833 (GS. S. 82 — aufgehoben, s. §. 49 des Erbschaftssteuerges. v. 30. Mai 1873) bedarf es bei Lehnsanfällen der Einreichung eines Inventars nicht, es ist vielmehr der Erbschaftsstempel vom Funfzehnfachen des einjährigen Ertrages der Lehngüter, oder Kapitalien, zu erheben. Hiernach kann bei Lehnsanfällen von dem „Bedenken eines Erben", den Werth des Nachlasses durch Vorlegung eines Inventariums nachzuweisen (§. 9. d des Stempelgesetzes vom 7. März 1822) nicht wohl die Rede sein und demnach auch eine Aversional-Versteuerung nicht eintreten. Es muß Ihnen somit überlassen bleiben, den Ertrags-Werth der auf Sie übergegangenen Lehngüter des verstorbenen Rittergutsbesitzers v. B. nachzuweisen. FMR. v. 2. Febr. 1861 III 1635 an d. v. B. und zur Nachricht an d. PStD. in S. — Aehnlich bestimmt schon das FMR. vom 10. Januar 1846 III 27880 (GK.), daß, nachdem durch das Gesetz vom 7. Juli 1833 in Betreff der Versteuerung der Lehns- und Fideikommißanfälle vorgeschrieben sei, daß nicht mehr die Substanz, sondern der funfzehnfache Betrag der Lehns- und Fideikommißrevenüen eines Jahres mit dem Erbschaftsstempel betroffen sein solle, von einer Aversional-Erbschaftsstempel-Versteuerung der Lehnsanfälle im Sinne des §. 9. d des Stempelgesetzes nicht mehr die Rede sein könne, indem es nunmehr unter allen Umständen lediglich auf die Ermittelung der, der Versteuerung zum Grunde zu legenden Lehnsrevenüen ankomme.

f. Insoweit der Allodial-Nachlaß des v. K. aus Werthpapieren besteht, die Inventarisirung mithin keine Schwierigkeiten bietet, liegt kein ausreichender Grund vor, die Allodial-Erben von der ihnen obliegenden Verpflichtung zur speziellen Angabe der Werthpapiere nebst Zinsen zu entbinden. Dagegen ermächtige ich die Königl. Regierung, wenn die Erben an Eidesstatt versichern, daß der sonstige Mobiliar-Nachlaß einen Werth von nur etwa 820 Thalern hat, von dem Verlangen einer Spezialisirung des letzteren Abstand zu nehmen. FMR. v. 8 Juli 1871 III 9268 an d. Reg. in F.

52. Frühere Bestimmungen in Betreff der Fortsetzung der Gütergemeinschaft:

a. Ueberall, wo die Kinder des überlebenden Ehegatten mit demselben die Gütergemeinschaft fortsetzen, ist während der Dauer dieses Verhältnisses zur Erhebung des Erbschaftsstempels keine gesetzliche Veranlassung. Kab.-O. v. 20. Febr. 1833 (v. KJ. B. 41 S. 261), mitgetheilt durch JMR. v. 28. dess. M. (S. 262 a. a. O.). Ebenso für die neuen Landestheile, s. oben Anm. 50 Absatz 2.

b. Wenn ein überlebender Ehegatte die Gütergemeinschaft mit seinen Kindern bis zu seinem Tode fortsetzt, so ist nach der Kab.-Ordre v. 20. Februar 1833 überhaupt kein Erbschaftsstempel für den dem überlebenden Ehegatten zugefallenen Erbantheil zu erheben, da der Fall sodann nicht eingetreten ist, durch welchen die Erhebung des Stempels bedingt wird. JMR. vom 10. Jan. 1837 an d. OLGericht in Br., im Einverständniß des FM. (Amtsblatt der Reg. in Breslau 1837 S. 23 — SK.).

c. In der Allerh. Ordre v. 20. Februar 1833 ist der Grundsatz enthalten, daß, wenn den Erben des verstorbenen Ehegatten gesetzlich die Befugniß zusteht, die Gütergemeinschaft, welche in der durch den Tod getrennten Ehe bestanden hat, mit dem überlebenden Ehegatten fortzusetzen, während der Dauer dieses Verhältnisses zur Erhebung eines Erbschaftsstempels keine gesetzliche Veranlassung vorliege, daß vielmehr deshalb der Zeitpunkt der Aufhebung der prorogirten Gütergemeinschaft abzuwarten sei. Hiernach ist auch in dem vorliegenden Falle, in welchem die Gütergemeinschaft zwischen dem Wittwer der Erblasserin und deren Seitenverwandten nach den darauf Anwendung findenden Bestimmungen der Bauer-Ordnung vom 30. Dez. 1764 fortgesetzt werden soll, zu verfahren. Bei der willkührlichen Prorogation der Gütergemeinschaft unter den Erben läßt sich dagegen eine gleiche Begünstigung nicht zugestehen, vielmehr ist alsdann der gesetzliche Erbschaftsstempel in der gewöhnlichen Art sofort zur Erhebung zu bringen, indem die willkührliche Verlängerung der Gütergemeinschaft ein, die Erhebung des gesetzlichen Erbschaftsstempels nicht berührendes besonderes Abkommen unter den Erbinteressenten voraussetzt. FMR. v. 22. März 1859 III 6090 an d. PStD. in S.

X. Zu §. 39 des Gesetzes (resp. des Gesetz-Entwurfs).

53. a. Bericht der Kommission des Hauses der Abgeordneten: „Von mehreren Seiten wurde angeregt, daß die Regierungs-Vorlage, welche nur ein die ganze Erbschaft betreffendes Attest erwähne, das Recht jedes einzelnen Steuerpflichtigen auf ein solches Attest einschränke. Um dieses Recht zur vollen Anerkennung zu bringen, wurde beantragt: 1) nach dem ersten Satze einzuschalten: „jeder Steuerpflichtige kann eine Ausfertigung dieses Attestes verlangen"; 2) folgenden Zusatz zu machen: „jeder Steuerpflichtige erhält eine Benachrichtigung der von ihm zu entrichtenden Steuer". Beide Anträge wurden, nachdem von verschiedenen Seiten bemerkt worden, daß der Regierungs-Entwurf sich an das im §. 33 bereits angenommene System der Deklaration anschließe, und dem praktischen Bedürfnisse durch die in jedem Falle über die Zahlung der Erbschaftssteuer zu ertheilende Quittung wohl hinlänglich genügt sei, abgelehnt, und der § 39 nach der Regierungs-Vorlage mit der Abänderung, daß für „Attest" das deutsche Wort „Bescheinigung" zu setzen, angenommen".

53. b. Die Erbschaftssteuer kann nur in soweit erhoben werden, als der Erbschaftsstempel liquid ist. Liquid ist der Stempel aber für diejenigen Beträge nicht, in Ansehung welcher noch Ansprüche dritter Personen an die Nachlaßmasse erhoben werden, und insoweit muß die Aussetzung der Stempellösung bis zur Beseitigung der entgegenstehenden Hindernisse eintreten. FMR. vom 26. Nov. 1844 III 25437 (GK.).

Mit Bezug auf §. 16 des Stempelgesetzes vom 7. März 1822 ist mit Ermittelung des Erbschaftsstempels unverzüglich vorzugehen, da die verzögerte Nachlaßregulirung keinen Vorwand abgeben darf, die Zahlung des Stempels, soweit der Nachlaß liquid ist, hinzuhalten. Rev.-Prot. des FM. v. 28. Dez. 1870, betr. die Erbsch.-Stemp.-Tabellen im Bezirk des Appell.-G. zu Frankfurt a. d. O. für d. 3. Tertial 1869, Mon. 35.

Der beanstandete Verkauf des Nachlaß-Grundstücks steht der Berechnung und Lösung des Erbschaftsstempels nicht entgegen, indem nicht der zu erwartende Kaufpreis, sondern der Werth, welchen das Grundstück am Todestage des Erblassers hatte, für die Stempelberechnung maßgebend ist. Der Nachlaß ist hiernach festzustellen, und der Stempel demnächst einzufordern. Rev.-Prot. des FM. v. 19. Juli 1871, betr. die Erbsch.-Stemp.-Tabellen im Bezirk des Appell.-G. zu Frankfurt a. d. O. für d. 1. Tertial 1870, Mon. 34.

Die Subhastation des Nachlaßgrundstücks darf die Berechnung und Lösung des Erbschaftsstempels nicht aufhalten, vielmehr ist der Werth des Nachlaßgrundstücks Behufs der Stempelberechnung zu ermitteln und demnächst die Erledigung des Erbfalles herbeizuführen. Rev.-Prot. des FM. v. 28. April 1867, betr. die Erbsch.-Stemp.-Tabellen im Bezirk des Appell.-G. zu Frankfurt a. d. O. für d. 2. Tertial 1866, Mon. 66.

53. c. Zur Beachtung für die Zukunft wird darauf aufmerksam gemacht, daß zur Stundung von Erbschaftsstempeln die diesseitige Genehmigung erforderlich ist, und daß für denselben in solchem Falle stets Sicherheit bestellt werden muß. Rev.-Prot. des FM. v. 28. April 1867, betr. die Erbsch.-Stemp.-Tabellen im Bezirk des Appell.-G. zu Frankfurt a. d. O. für d. 2. Tertial 1866, Mon. 52.

V. Zu §. 41 und 43 des Gesetzes (resp. §. 41 und 42 des Gesetz-Entwurfs).

54. Der §. 41 des Gesetzes weicht von dem Gesetz-Entwurf, abgesehen von zwei lediglich redaktionellen Aenderungen, nur darin ab, daß er im Absatz 1 die Geldstrafe nicht, wie der Entwurf, auf den vierfachen, sondern auf den doppelten Betrag der Erbschaftssteuer normirt; §. 43 des Gesetzes und §. 42 des Gesetz-Entwurfs sind gleichlautend.

Die Motive zu den beiden §§. lauten: „Die bisherigen Strafbestimmungen — § 9 der Verordnung vom 5. Juli 1867 [betreffend die Erhebung der Erbschaftsabgabe in den neuen Landestheilen, GS. S. 1120] bestanden in der Androhung der Verdoppelung des Betrages der Erbschaftsabgabe für den Fall, daß: a) die rechtzeitige Anmeldung eines steuerpflichtigen Anfalles unterbleibt, oder b) der Anfall zwar angemeldet, aber nicht innerhalb der gesetzlichen 6monatlichen oder auf Ansuchen verlängerten Frist versteuert wird [ebenso nach §. 25 des Stempelgesetzes vom 7. März 1822]. Die letztere Bestimmung ist im Entwurfe beseitigt. Ist die Steuer einmal festgesetzt, — und vorher kann sie nicht erhoben werden, — so hat das Erbschaftssteuer-Amt die Anweisung wegen der Zahlung zu ertheilen, und die zur Einziehung verpflichtete Behörde nöthigenfalls für zwangsweise Beitreibung zu sorgen; einer besonderen Strafbestimmung bedarf es hierbei überall nicht. Dagegen würde die oben erörterte Regelung der Verpflichtungen der Steuerpflichtigen ihren Zweck verfehlen, wenn nicht außer der Anmeldung eines steuerpflichtigen Anfalles auch die Vorlegung der Nachweisung [des Verzeichnisses, s. oben Anm. 48 im Eingange] und Deklaration und zur Abgabe der eidesstattlichen Versicherung — statt des bisherigen Zwanges zur eidlichen Manifestation — unter die Garantie angemessener Straf-Vorschriften gestellt würde. Die vorgeschlagenen Bestimmungen gehen von der Unterscheidung aus, daß die Nichterfüllung der gesetzlichen Verpflichtungen an sich ebensowohl auf bloßer Nachlässigkeit, als auf der strafbaren Absicht einer Verkürzung der Steuer, beruhen kann. Im ersteren Falle soll nur eine geringe Ordnungsstrafe bis zum höchsten Betrage von 50 Thalern eintreten, und da nur diese in der überwiegenden Mehrzahl der Fälle in Frage kommt, zugleich auch der Thatbestand ein höchst einfacher ist, so ist darauf Bedacht genommen, die Formen des Verfahrens so einfach als möglich zu halten. Das Erbschaftssteuer-Amt kann geringe Ordnungsstrafen ohne vorherige Einleitung eines Strafverfahrens durch Strafbescheid vorbehaltlich der Rechtsmittel festsetzen. Werden die gesetzlichen Verpflichtungen in defraudatorischer Absicht nicht erfüllt, so tritt die bei anderen Steuern regelmäßige Strafe des vierfachen Betrages der Steuer ein ꝛc. [ermäßigt auf den doppelten Betrag der Erbschaftssteuer, s. oben im Absatz 1]. Mit Rücksicht auf die etwaige Unausführbarkeit einer nachträglichen Feststellung der Steuer ist eine Geldbuße bis zu 1000 Thaler vorgeschlagen und dabei zu erwägen, daß es sich um bedeutende Steuerbeträge handeln kann. Nach dem Steuersatz von 8 Prozent entspricht eine Steuer von 250 Thalern einem Anfall von 3125 Thalern;

Die im §. 42 [des Gesetz-Entwurfs, §. 43 des Gesetzes] vorgeschlagene Strafe für die hartnäckige Verweigerung der eidesstattlichen Bekräftigung rechtfertigt sich durch die schon oben hervorgehobene Wichtigkeit dieses Mittels zur Beschaffung zuverlässigerer Grundlagen für die Feststellung der Steuer".

Zu §. 43 des Gesetzes (§. 42 des Gesetz-Entwurfs) heißt es noch in dem Bericht der Kommission des Hauses der Abgeordneten: „rc. Ein Mitglied sprach die Ansicht aus, daß die Steuerbehörde das Recht habe, die eidesstattliche Versicherung durch executio ad faciendum zu erzwingen. Der Regierungs-Kommissar fand dieses Mittel für weniger geeignet, als die Strafbestimmung. Dem wurde von anderer Seite beigestimmt, zugleich aber ausgeführt, daß die Steuerbehörde das Exekutionsrecht in dem Umfange, wie die Regierungen, garnicht besitze. Seitens des Korreferenten wurde beantragt, das Strafminimum von 25 Thalern zu streichen, da diese Strafe bei unbedeutenden Erbschaften zu hoch sei. Bei der Abstimmung wurde der ganze Paragraph nach dem Entwurfe angenommen".

Z. Zu §. 45 des Gesetzes (resp. des Gesetz-Entwurfs).

55. In Betreff der Vorschriften über das Verfahren wegen Zollvergehen wird auf Seite 195 ff. des Komm. verwiesen, woselbst diese Vorschriften für die alten und neuen Landestheile abgedruckt sind.

Z a. Zum Tarif „Allgemeine Vorschriften" Nr. 2.

Diese Vorschrift ist im Wesentlichen übereinstimmend mit §. 4 Absatz 2 der für die neuen Landestheile ergangenen Verordnung vom 5. Juli 1867, betreffend die Erhebung der Erbschaftsabgabe (GS. S. 1120) und mit der entsprechenden Bestimmung bei der Position „Erbschaften" im Stempel-Tarif vom 7. März 1822.

56. Der Erbe hat als Schwiegersohn des Erblassers von seinem Erbtheile nicht 8, sondern nur 4 Prozent Erbschaftsstempel zu entrichten. Die Ansicht: durch den Tod der verehelichten Z. sei das Verwandtschaftsverhältniß gelöst, ist unrichtig. Der Erbe ist des Ablebens seiner Frau ungeachtet der Schwiegersohn des Erblassers geblieben. Bei Beurtheilung der Verwandtschaft, nach der ein Erbschaftsanfall besteuert wird, soll nur nicht auf ein Verhältniß zurückgegangen werden, welches durch richterliches Erkenntniß oder Vertrag schon vor erfolgtem Anfalle zu bestehen aufgehört hat. Rev.-Prot. des FM. v. 17. Juli 1873, betr. die Erbsch.-Stemp.-Tabellen im Bezirk des Appell.-G. zu Frankfurt a. d. O. für d. 3. Tertial 1871, Mon. 47.

Z b. Zum Tarif „Allgemeine Vorschriften" lit. A.

Statt der Bezeichnung: „Personen, welche dem Hausstande des Erblassers angehört und in demselben in einem Dienstverhältniß gestanden haben" heißt es in den bisher geltenden Bestimmungen der Kab.-Ordre vom 1. Dez. 1822 (GS. 1823 S. 1) und des Tarifs vom 5. Juli 1867 (für die neuen Landestheile — GS. S. 1126) sub A. b der Allg. Vorschrift: „Dienstboten und Hausoffizianten des Erblassers".

57. Motive: „Der Steuersatz von 1 Prozent für remuneratorische Zuwendungen an „Hausoffizianten und Dienstboten" des Erblassers ist beibehalten und nicht mehr blos auf Pensionen und Renten beschränkt, sondern, der späteren Praxis folgend, auf alle durch die Lebenszeit des Bedachten beschränkte Nutzungen ausgedehnt. Die mißliche und dem Allgemeinen Landrecht entnommene, aber in den übrigen Rechtsgebieten mit keinem bestimmten Sinne verknüpfte Bezeichnung „Hausoffizianten" ist aufgegeben und durch die Angabe der sachlichen Kriterien — Zugehörigkeit zum Hausstande und dienendes Verhältniß — ersetzt". — Vergl. unten sub Z e Anm. 60 ff.

Z c. Zum Tarif „Allgemeine Vorschriften" lit. C. e (D. e des Tarif-Entwurfs).

58. In den Motiven wird bei dieser Position bemerkt: „Auf die unter D. e vorgeschlagene

Bestimmung wird bei den die Stiftungen betreffenden Befreiungen näher eingegangen werden" — s. unten sub Z g Anm. 63 Absatz 3.

Z d. Zum Tarif „Befreiungen" Nr. 2. b.

59. Der Entwurf enthält bei dieser Position im Satz 1 vor den Worten „legitimirt sind" die Worte „nachfolgend durch solche". Nach dem Beschluß der Kommission des Hauses der Abgeordneten sind jedoch diese letzteren Worte gestrichen, weil die Gleichstellung aller unehelichen legitimirten Kinder beabsichtigt werde, während der Entwurf nur die durch nachfolgende Ehe legitimirten Kinder besonders bevorzugen wolle.

Z e. Zum Tarif „Befreiungen" Nr. 2. d.

60. Motive: „Bei d wird eine Erweiterung vorgeschlagen. Die bisherige Befreiung bezog sich nicht auf die Zuwendung von Renten und Pensionen an Hausoffizianten und Dienstboten, wofür der Steuersatz von 1 Prozent vorgeschrieben ist, sondern nur auf Zuwendungen einer Kapitalsumme (vergl. Anm. 61 u. 61. f am Schluß). Fortan sollen, weil für die bisherige Unterscheidung keine ausreichende Begründung zu geben sein möchte, auch die in Rede stehenden Zuwendungen an Renten und Pensionen und anderen Nutzungen bis zu einem nach den gesetzlichen Vorschriften zu berechnenden Kapitalwerth von 300 Thalern steuerfrei bleiben. Durch die anderweiten Fassungsänderungen soll die bisher schon in gleichem Sinne entschiedene Frage erledigt werden, ob der Betrag von 300 Thalern auch in dem Falle steuerfrei bleibe, wenn die Zuwendung zwar einen Kapitalwerth von 300 Thalern übersteigt, aber durch den Abzug der Steuer unter diesen Werth vermindert werden würde. Wegen der Fortlassung der Bezeichnung „Hausoffizianten" kann auf die obigen Bemerkungen zu A des Tarifes Bezug genommen werden". — Vergl. oben sub Z b.

61. In Beziehung auf die Position „Erbschaften" lit. A. d im Tarif zum Stempelgesetz vom 7. März 1822 (welche bestimmt: „A. Der Anfall ist stempelfrei, wenn er gelangt: d. an Personen, welche in Diensten und Lohn des Erblassers gestanden haben, jedoch nur für eine Summe von 300 Thalern Kapital einschließlich" — gleichlautend mit Nr. 2. d der Befreiungen in dem die Erbschaftsabgabe in den neuen Landestheilen betreffenden Tarif vom 5. Juli 1867, GS. S. 1126) sind folgende Bestimmungen zu registriren:

a. Unter den vorgedachten Personen sind nur Hausoffizianten und gemeine Dienstboten im Sinne des Allg. Landrechts Th. 2 Tit. 5 §. 1 ff. zu verstehen. FMR. v. 1. Okt. 1823 III 17858 an d. Prov.-Stempelfiskal S. (SK.).

b. Unter den zu A. d gedachten Personen sind, außer den gemeinen Dienstboten, auch die im §. 177 Tit. 5 Th. 2 ALR. bezeichneten Hausoffizianten, namentlich der Wirthschaftsinspektor, der als solcher der Oekonomie des Erblassers vorgestanden hat, zu verstehen. FMR. v. 4. Okt. 1842 III 23063 (GK.).

c. Das Legat von 200 Thalern an die unverehelichte E., welche als Wirthschafterin in Diensten und Lohn des Erblassers gestanden, ist gesetzlich erbschaftsstempelfrei, soweit nicht derselben außerdem noch erbschaftliche Vortheile zugefallen sind, welche ihren gesammten erbschaftlichen Erwerb auf eine Summe von mehr als 300 Thaler erhöhen. Der Annahme aber, daß ihr dergleichen anderweite Vortheile im Testamente des Erblassers ausgesetzt seien, läßt sich nicht beitreten. Allerdings hat der Erblasser angeordnet: „ich wünsche, daß sie in ihrer bisherigen Stellung auch nach meinem Tode verbleiben möge, in welcher sie ein jährliches Honorar von 70 Thalern erhält. Sollte sie meinen Wunsch erfüllen, so soll sie für jedes Jahr, welches sie nach meinem Tode in ihrem jetzigen Verhältniß zugebracht haben wird, außerdem bei ihrem demnächstigen Abgange funfzig Thaler ausgesetzt erhalten". Allein hierin kann die Anordnung eines erbschaftlichen Erwerbes an die E. nicht gefunden werden; diese letztwillige Bestimmung hat vielmehr die Bedeutung, daß das bisherige jährliche Honorar der E. von 70 Thalern um 50 Thaler auf 120 Thaler erhöht sein solle, wenn sie es ihren Wünschen entsprechend findet, ferner im Dienste der Familie des Erblassers zu bleiben. Eine Freigebigkeit für die E. liegt hierin nicht, sondern nur eine den Erben auferlegte Pflicht, die E. für ein um 50 Thaler erhöhtes Honorar in dem bisherigen Dienstverhältnisse zu belassen, so lange sie selbiges fortbestehen zu lassen wünschen sollte. Von der Stempelforderung ist hiernach abzustehen. FMR. v. 8. April 1854 III 7666 an d. PStD. in D.

d. Da die Kosten der Aufnahme und des Unterhalts des August H. im Schullehrer-Seminar dessen Vater zur Last gefallen sein würden, welcher in Lohn und Diensten des Erblassers, Majoratsbesitzers v. B., gestanden hat, das Legat auch nur 150 Thaler beträgt, so soll mit Rücksicht auf die Position „Erbschaften" lit. A. d im Tarif zum Stempelgesetz vom 7. März 1822 ein Erbschaftsstempel von diesem Legate nicht gefordert werden. FMR. v. 6. Aug. 1856 III 19202 an d. Reg. in F.; der Majoratsbesitzer v. B. hatte in seinem Testamente bestimmt, daß er dem Sohne seines Vogts diejenige Summe vermache, die zu seiner Aufnahme und zu seinem Unterhalt im Schullehrer-Seminar in N. unbedingt nothwendig sei, welche Summe auf 150 Thaler Kapitalwerth ermittelt wurde.

e. Für das Legat von 100 Thalern an den Knecht H. kann derselbe keine Stempelfreiheit beanspruchen, indem er neben diesem Legat noch lebenslänglich eine Rente von jährlich 135 Thalern bezieht, sein erbschaftlicher Vortheil zu Kapital berechnet mithin mehr als 300 Thaler beträgt. FMR. v. 6. Aug. 1858 III 17449 an d. PStD. in S. — Das Kapital der 175 Thaler, welches dem Kammerdiener L. außer und neben der Jahresrente von 50 Thalern ausgesetzt ist, unterliegt der Versteuerung zu 8 Prozent, da die bei der Tarifposition „Erbschaften" sub A. d nachgelassene Befreiung vom Erbschaftsstempel für eine Summe von 300 Thalern Kapital einschließlich hier nicht mehr zutrifft. Rev.-Prot. des FM. v. 20. Jan. 1868, betr. die Erbsch.-Stemp.-Tab. im Bezirk des Appell.-G. zu Frankfurt a. d. O. für das 1. Tertial 1867, Mon. 22.

f. Die Annahme, als ob in der Verfügung vom 18. März 1830 [FMR. III 5838 — SK.] ausgesprochen sei, daß Legate an Dienstboten des Erblassers zum Betrage von 300 Thalern oder weniger **nur dann** erbschaftsstempelfrei zu lassen seien, wenn der Legatar, wo nicht am Todestage des Erblassers, doch mindestens zur Zeit der Errichtung der das Legat anordnenden letztwilligen Disposition in Diensten und Lohn des Erblassers gestanden hat, trifft nicht zu. Die Frage: ob der Legatar zur Zeit der Errichtung des Testaments noch in Diensten und Lohn des Erblassers gestanden haben müsse, um die Stempeltarifposition „Erbschaften" zu A. d auf ihn für anwendbar erachten zu können, ist damals garnicht zur Sprache gekommen, und wird kein Anstand genommen, selbige zu verneinen, die Stempelfreiheit also auch anzuerkennen, wenn der Legatar auch zur Zeit der Errichtung des Testaments nicht mehr im Lohn und Dienste des Erblassers gestanden hat, sofern nur außer Zweifel ist, daß dies früher der Fall gewesen. In gleicher Weise ist die Allerh. Kab.-Ordre vom 1. Dez. 1822 (GS. 1823 S. 1 — inzwischen aufgehoben, s. §. 49 des Erbschaftssteuergesetzes v. 30. Mai 1873) aufzufassen, worin bestimmt ist, daß von Pensionen und Renten, welche Dienstboten und Hausoffizianten des Erblassers in Rücksicht der demselben geleisteten Dienste vermacht werden, nicht der 8., sondern nur der 1. Prozent Stempel erhoben werden soll. FMR. v. 17. Juni 1852 (CB. S. 162).

g. Die Erbin M. hat die ihr für geleistete Dienste vermachten 100 Thaler zu 8 Prozent zu versteuern, da sie als bloße Aufwärterin auf die den Dienstboten bei Legaten bis zu 300 Thalern einschließlich bewilligte Stempelfreiheit keinen Anspruch hat. Rev.-Prot. des FM. v. 20. Jan. 1868, betr. die Erbsch.-Stemp.-Tabellen im Bezirk des Appell.-G. zu Frankfurt a. d. O. für d. 1. Tertial 1867, Mon. 18. — Die Aufwärterin des Erblassers hat als solche keinen Anspruch auf die Versteuerung des ihr vermachten Nießbrauchs zu dem durch die Allerh. Kabinets-Ordre vom 1. Dezember 1822 ermäßigten Satze von 1 Prozent (vergl. die vorige Anm. am Schluß), vielmehr muß sie von dem gesammten erbschaftlichen Anfall den Erbschaftsstempel zu 8 Prozent entrichten. Rev.-Prot. des FM. v. 8. Jan. 1869, betr. die Erbsch.-Stemp.-Tabellen im Bezirk des Appell.-G. zu Frankfurt a. d. O. für d. 1. Tertial 1868, Mon. 21.

h. Eine Gesellschafterin hat keinen Anspruch auf Erbschaftsstempelfreiheit, da sie weder zu den gemeinen Dienstboten, noch zu den Hausoffizianten gehört. Rev.-Prot. des FM. vom 25. Jan. 1864, betr. die Erbsch.-Stemp.-Tabellen im Bezirk d. Appell.-G. zu Stettin für d. 1. Tertial 1863, Mon. 9.

i. Unter den Personen zu A. d sind nicht solche zu verstehen, welche dem Erblasser gegen Remuneration Dienste verrichtet haben, sondern nur die Personen, welche das ALR. Th. 2 Tit. 5 §. 1—186 als Gesinde bezeichnet. Bei den Beziehungen der Handlungsdiener, Handwerksgesellen und Lehrlinge ist, obwohl sie auch Dienste leisten und Lohn erhalten, das Verhältniß des Brodherrn als eines Lehrherrn vorherrschend; die Beziehungen des Gesindes beschränken sich dagegen lediglich auf das Dienstverhältniß, und es werden unter Personen, welche im Dienst und Lohn einer Herrschaft stehen, auch nach dem gewöhnlichen Sprachgebrauch nur die Dienstboten, nicht aber Gewerbsgehülfen verstanden. FMR. v. 15. Aug. 1844 III 17379 an d. PStD. in D. — Handlungsdiener und Lehrlinge, welchen von ihren Prinzipalen Legate zum Betrage von 300 Thalern oder weniger vermacht worden, sind nicht nach der Stempeltarif-Position „Erbschaften" zu A. d wie Dienstboten derselben zu behandeln, sondern zur Entrichtung des vollen Erbschaftsstempels nach der Höhe ihres erbschaftlichen Erwerbes anzuhalten. FMR. v. 4. Juli 1846 III 13258 (GK.).

k. Es wird darauf aufmerksam gemacht, daß so wenig der Buchhalter wie der Werkführer des Verstorbenen zu den Dienstboten oder Hausoffizianten gehören und daß die ihnen ausgesetzten Legate von resp. 100 und 200 Thalern zu 8 Prozent versteuert werden müssen. Rev.-Prot. des FM. v. 16. Mai 1869, betr. die Erbsch.-Stemp.-Tabellen im Bezirk des Appell.-G. zu Frankfurt a. d. O. für d. 2. Tertial 1868, Mon. 65.

Zf. Zum Tarif „Befreiungen" Nr. 2. f.

62. Bei dieser Position enthält der Entwurf den Zusatz: „Auch andere Vermächtnisse zur Austheilung — des Kapitals oder der Zinsen — an Arme sind von der Erbschaftssteuer befreit". Die Motive lauten: „Bei Nr. 2. f sind die Bestimmungen des Gesetzes über den Unterstützungswohnsitz vom 6. Juni 1870 (BGbl. S. 360) §§. 2 ff. zu berücksichtigen gewesen. Vermächtnisse zur Austheilung an Arme sind nach den bisherigen Bestimmungen auch dann steuerfrei geblieben, wenn die Austheilung nicht durch die zuständige Armenverwaltung (Gemeinde- oder Gutsherrschaft) zu erfolgen hatte. Die Allerh. Kabinets-Ordre vom 16. Januar 1827 (s. S. 46 des Komm. Anm. 36. b) hatte allgemein bestimmt, daß von Vermächtnissen zur Austheilung an Arme eine Stempelsteuer nicht zu erheben sei. Die hierbei in früherer Zeit festgehaltene Ausschließung derjenigen Fälle, in welchen nur die Zinsen ausgesetzter Kapitalien vertheilt werden sollen, ist später auf Grund der Kab.-Ordre vom 18. August 1841 (GS. S. 288 — s. S. 48 des Komm. Anm. 45. a, b) aufgegeben". — In dem Bericht der Kommission des Hauses der Abgeordneten heißt es: „Bei 2. f wurde der Antrag gestellt, den Zusatz „Auch andere Vermächtnisse ꝛc." zu streichen. Der Regierungs-Kommissar bemerkte, daß dieser Zusatz nur bezwecke, einem praktischen Bedürfnisse zu begegnen; steuerpflichtig sei nur der Empfänger des Vermächtnisses; dieser könnte aber in dem vorausgesetzten Falle nicht ermittelt werden. Von anderer Seite wurde bemerkt, daß dieser Fall aus §. 8 des Gesetzes füglich subsumirt werden könne. Der Antragsteller begründete seinen Antrag damit, daß die Befreiung von Vermächtnissen für Arme nur solchen Anstalten und Verbänden, welche unter Aufsicht des Staats stehen, oder vom Staate anerkannt sind, zu Gute kommen sollten, eine weiter gehende Befreiung aber in bedenklicher Art dem Pauperismus Vorschub leiste. Bei der Abstimmung wurde der Zusatz abgelehnt".

Zg. Zum Tarif „Befreiungen" Nr. 2. g.

63. Bezüglich dieser Position heißt es im Bericht der Kommission des Hauses der Abgeordneten: „Bei g wurde im Einklange mit dem Regierungs-Kommissar beschlossen, die Worte „unbeschränkter Korporationsrechte" durch die Worte „der Rechte juristischer Personen" zu ersetzen".

Motive: „Die Bestimmung unter Nr. 2. g entspricht im Wesentlichen den bestehenden Vorschriften. Durch Kabinets-Ordre vom 16. Januar 1827 wurde zur Erledigung vorhandener Zweifel anerkannt, daß die in der Deklaration vom 27. Juni 1811 (GS. S. 313) „den Angelegenheiten der Kirchen, Armenanstalten, Waisenhäuser, milden Stiftungen, Schulen, Universitäten, desgleichen den Straf- und Besserungs-Anstalten gewährte Stempelfreiheit auch auf die Zuwendungen, welche solchen Instituten durch Schenkung oder letztwillige Verordnungen anfallen", fortdauernd Anwendung finde (s. S. 46 des Komm. Anm. 36. a, b). Bei Ausführung dieser Bestimmung hat nur die Befreiung der milden Stiftungen zu vielen Zweifeln und großer Unsicherheit der Entscheidung Anlaß gegeben. Es ist von Anfang an festgehalten, daß die den milden Stiftungen verliehene subjektive Befreiung nur den vom Staate anerkannten, ausdrücklich oder stillschweigend genehmigten Armen- und anderen Versorgungs-Anstalten (Hospitälern 2c.) und in denselben Verhältnissen befindlichen ähnlichen Stiftungen zustehe; über die näheren Voraussetzungen dieses Erfordernisses, — die Art und Weise der staatlichen Genehmigung, die Begrenzung des Begriffes der milden Stiftung, der bekanntlich selbst auf blos gemeinnützige Unternehmungen von Vereinen angewandt worden ist, haben nicht immer gleiche Grundsätze geherrscht. Die Höhe des Steuersatzes von 8 Prozent, welche bei Versagung des Anspruches auf Steuerbefreiung eintreten mußte, hat gelegentlich zu exzeptionell milden, dann wieder als Präjudiz angezogenen Spezial-Entscheidungen bestimmt. Eine festere Regelung des Gegenstandes ist deshalb dringend nothwendig, um die unerläßliche Gleichmäßigkeit der Besteuerung herzustellen. Der Entwurf schlägt vor, die subjektive Befreiung, abgesehen von den namentlich aufgeführten Anstalten, davon abhängig zu machen, daß die milde Stiftung als solche ausdrücklich, oder durch Verleihung unbeschränkter Korporationsrechte, vom Staate anerkannt sei. Beide Erfordernisse sind von dem Belieben der Steuerbehörde unabhängig und entsprechen in materieller Hinsicht der ursprünglichen Absicht der angeordneten Befreiung. Sollten Stiftungen in Frage kommen, welche sich noch nicht um das Eine oder das Andere bemüht haben, so bleibt ihnen unbenommen, sich um die staatliche Anerkennung als milde Stiftung, beziehungsweise um die Verleihung unbeschränkter Korporationsrechte, sofern es sich um Stiftungen handelt, welche auf Vereine basirt sind, zu bewerben;

Außerdem steht hiermit im Zusammenhang die Steuererleichterung von vorwiegend objektiver Natur, welche der Tarif unter D. e [des Tarif-Entwurfs, im Gesetzes-Tarif C. e] einzuführen beabsichtigt. Zuwendungen zu den dort bezeichneten, unmittelbar dem gemeinen Besten dienenden Zwecken werden oft von dem Steuersatz zu 8 Prozent hart betroffen und verdienen wohl die Ermäßigung desselben auf die Hälfte. Ob die Zuwendung in der Form der Begründung einer Stiftung, des Vermächtnisses an eine schon bestehende Stiftung oder an einen mit beschränkten Korporationsrechten ausgestatteten Verein, oder in der Form der Erbeseinsetzung einer Stiftung oder eines solchen Vereins oder in der Art gemacht ist, daß einem Erben oder einem Legatar die Verwendung zu dem bestimmten Zwecke aufgetragen ist, kann bezüglich der steuerlichen Belastung der Zuwendung nicht den Ausschlag geben. Der einzig entscheidende Gesichtspunkt besteht in der Frage, ob die Zuwendung auch wirklich zu den bezeichneten Zwecken verwendet wird, und hierüber kann der Steuerbehörde die erforderliche Ueberzeugung verschafft, nöthigenfalls aber der eventuelle Steueranspruch sicher gestellt werden". — Vergl. oben sub H Anm. 31.

Z h. Zum Tarif „Befreiungen" Nr. 2. h.

64. In dem Bericht der Kommission des Hauses der Abgeordneten heißt es: „2c. wobei man allseitig einig war, daß unter „öffentlichen Schulen" auch Kommunal-Schulen begriffen seien".

Z i. Zum Tarif „Befreiungen" Nr. 2. i und k.

65. Das in der Position 2. i zweimal vorkommende Wort „Deutsche" fehlt im Entwurf.

Die Motive zu diesen beiden Positionen lauten: „Zu Nr. 2. i ist zu bemerken, daß die nach §. 4 Nr. 2 der Deklaration vom 27. Juni 1811 (GS. S. 313 — s. S. 46 des Komm. Anm. **36. a**) und nach der Kabinets-Ordre vom 16. Januar 1827 (s. S. 46 des Komm. Anm. 36. b) den Kirchen verliehene Befreiung von dem Erbschaftsstempel unter Berufung auf die Bestimmung im §. 18 Tit. 11 Th. 2 des Allg. Landrechts, wonach die zur Ausübung des Gottesdienstes der vom Staate ausdrücklich aufgenommenen Kirchengesellschaften gewidmeten Gebäude Kirchen genannt werden, bisher ausschließlich den öffentlich aufgenommenen Kirchengesellschaften gewährt ist (Nr. 5 der Zusammenstellung zu dem Patente vom 30. März 1847, GS. S. 121). Andere Religionsgesellschaften sind bisher angehalten, die entsprechenden, ihnen anfallenden Vermächtnisse rc. zu dem gesetzlichen Steuersatz von 8 Prozent zu versteuern. Hiergegen sind wiederholt, und insbesondere in neuerer Zeit Seitens der mit Vermächtnissen bedachten jüdischen Synagogen, lebhafte Beschwerden erhoben, indem man für dieselben Gleichstellung mit den privilegirten Religionsgesellschaften bezüglich der Besteuerung erbschaftlicher Erwerbungen in Anspruch nehmen zu dürfen glaubte. Wenngleich auf Grund der bestehenden Vorschriften den desfallsigen Anträgen die Begründung abgesprochen werden mußte, so ist denselben doch vom legislativen Standpunkte aus eine gewisse Berechtigung zuzugestehen, da jede Bevorzugung der einen und Zurücksetzung der anderen Religionsgesellschaft, soweit als thunlich, von den Steuergesetzen fernzuhalten ist. Es wird deshalb für nothwendig erachtet, wenn das Privilegium der Kirchen bezüglich der Erbschaftssteuer beibehalten wird, dasselbe auch auf die übrigen Religionsgesellschaften, denen die Rechte juristischer Personen beigelegt sind, auszudehnen;

Unter Nr. 2. k werden die bisherigen Exemtionen von dem Erbschaftsstempel, bezw. von der in den neueren Landestheilen nach der Verordnung vom 5. Juli 1867 zu erhebenden Erbschaftsabgabe aufrecht erhalten und auf die neu geordnete Erbschaftssteuer ausgedehnt, insoweit sie entweder nur gegen Entschädigung würden aufgehoben werden können, oder doch auf besonderem landesherrlichen Privilegium beruhen. Bewilligungen letzterer Art sind in früherer Zeit, namentlich für Privatunternehmungen, zu religiösen oder gemeinnützigen und ähnlichen Zwecken öfters vorgekommen. Von geringerer finanzieller Erheblichkeit ist die den Mitgliedern des Königlichen Hauses landesherrlich bewilligte Befreiung für diejenigen Erbschaften und Legate, welche ein Mitglied von einem anderen Mitgliede des Königlichen Hauses erwirbt. Uebrigens waltet kein Zweifel darüber ob, daß neue Exemtionen der fraglichen Art nur im Wege der Gesetzgebung angeordnet werden können und bedarf es dieserhalb keiner ausdrücklichen Bestimmung".

Bericht der Kommission des Hauses der Abgeordneten: „Zu den Pos. i und k wurde gänzliche Streichung beantragt. Die Pos. k umfaßt, außer verschiedenen, theils auf Gesetz, theils auf Allerhöchsten Kabinets-Ordres, theils auf bloßen Finanz-Ministerial-Reskripten beruhenden Befreiungen, welche schon durch die Nr. g betroffen sind, fogenlde Privilegien: der Rheinischen Pastoralgehilfen-Anstalt, beruhend auf der Allerh. Kab.-Ordre vom 9. Sept. 1846 (s. S. 51 des Komm. Nr. 10); des Rheinisch-Westphälischen Vereins für Bildung von Diakonissen, beruhend auf der Allerh. Kab.-Ordre vom 28. Nov. 1846 (muß heißen „20" Nov. — s. S. 51 des Komm. Nr. 11); der Haupt-Bibelgesellschaft und der Töchter-Gesellschaften, beruhend auf der Allerh. Kab.-Ordre vom 29. Sept. 1831 (s. S. 51 des Komm. Nr. 19); der Missionsanstalt der Brüdergemeinde zu Berthelsdorf, beruhend auf der Allerh. Kab.-Ordre vom 29. Okt. 1827 (s. S. 52 des Komm. Nr. 21); der Berliner Missions-Gesellschaften, beruhend auf den Allerh. Kab.-Ordres vom 29. Sept. 1840 und 28. Febr. 1846 (s. S. 52 des Komm. Nr. 22 u. 23); des Königsberger Missionsvereins, beruhend auf der Allerh. Kab.-Ordre vom 20. Sept. 1830 (muß heißen „Dez." — s. S. 52 des Komm. Nr. 24); der Mitglieder des Königlichen Hauses, beruhend auf der Allerh. Kab.-Ordre vom 7. März 1845 (s. S. 62 des Komm. Anm. 69. a); der Mitglieder der Hohenzollernschen Familie, beruhend auf der Allerh. Kab.-Ordre vom 24. August 1842 (muß heißen „14" August „1852" — s. S. 62 des Komm. Anm. 69. b); derjenigen Reichsunmittelbaren, denen dieselbe durch besondere Rezesse und Verträge bewilligt ist. Was die letzteren anbetrifft, so kann im Allgemeinen auf die

Motive zu dem Gesetz-Entwurfe, betreffend die Regulirung der staatsrechtlichen Stellung des fürstlichen Hauses zu Sayn-Wittgenstein-Berleburg — Nr. 50 der Drucksachen — und des Gesetz-Entwurfs, der Rechtszustand des Herzogs von Arenberg — Nr. 72 der Drucksachen — und den auch in diesen Motiven erwähnten ausführlichen Bericht der Kommission des Abgeordnetenhauses vom 16. Januar 1864 — Drucksachen der Legislaturperiode 1863/64 Nr. 101 — verwiesen werden. Der Referent, unterstützt von mehreren Mitgliedern, befürwortete die Streichung der Positionen i und k theils aus dem allgemeinen Grunde, daß die Verfassung die Aufhebung aller Steuerprivilegien ausdrücklich in Aussicht stelle, theils, weil die Vorlage einen höchst zweifelhaften, und theilweise ungerechten Rechtszustand schaffe. Dabei könne die Frage, ob etwa einzelnen bisher Privilegirten eine Entschädigung gebühre, dem Rechtswege vorbehalten bleiben. Die Kommission in ihrer Mehrheit glaubte jedoch annehmen zu können, daß die Aufrechterhaltung bestehender Privilegien nicht direkt gegen die Verfassung verstoße, und nahm die Regierungs-Vorlage unverändert an".

FSC
www.fsc.org
MIX
Papier | Fördert gute Waldnutzung
FSC® C083411

Kolibri 360 GmbH
Ferdinand-Jühlke-Straße 7
99095 Erfurt, Deutschland
produktsicherheit@kolibri360.de